I0073687

FACULTÉ DE DROIT DE PARIS.

THÈSE

POUR LE DOCTORAT

SOUTENUE

Par Antoine – Frédéric GUESTON,

AVOCAT.

PARIS,

VINCHON, FILS ET SUCCESSEUR DE Mme V° BALLARD,

Imprimeur de la Faculté de Droit,

RUE J.-J. ROUSSEAU, 8.

1853.

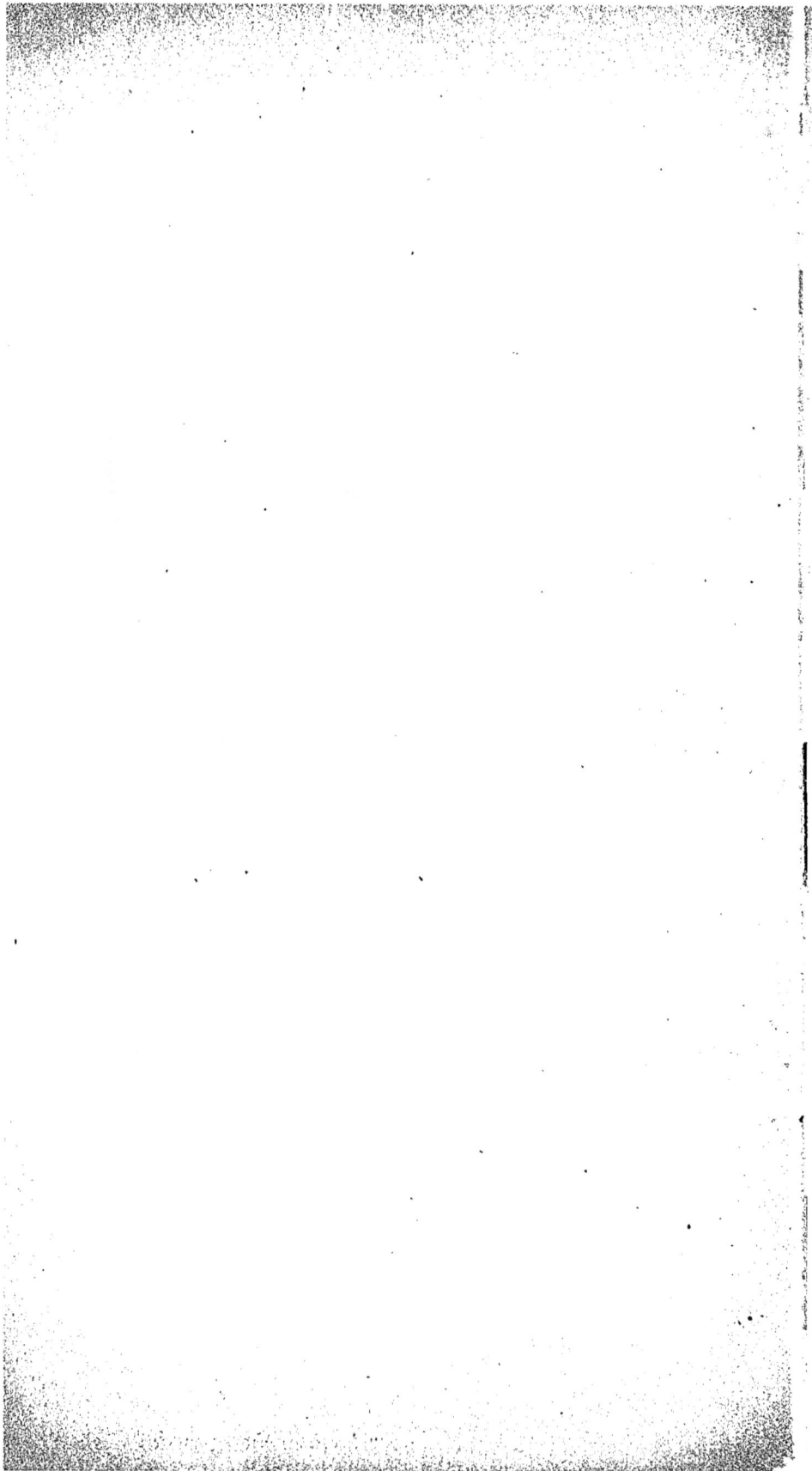

THÈSE

POUR LE DOCTORAT.

PARTAGE DE L'ACTIF DES SUCCESSIONS.

Par ANTOINE-FRÉDÉRIC GUESTON, né à Saint-Hilaire (Allier).

Président : M. VUATRIN, Professeur.

Suffragants :
MM. DURANTON,
PELLAT,
DUVERGER,
RATAUD,

Professeurs.

Suppléants.

Le Candidat répondra en outre aux questions qui lui seront faites sur les autres matières de l'enseignement.

PARIS.

VINCHON, FILS ET SUCCESSEUR DE Mme Ve BALLARD,
IMPRIMEUR DE LA FACULTÉ DE DROIT,
Rue J.-J. Rousseau, 8.

1853.

3273

1

A MON PÈRE, A MA MÈRE.

C.

INTRODUCTION.

Lorsque plusieurs personnes sont appelées à recueillir une même succession, toutes acquièrent des droits de même nature et de même puissance sur la totalité de cette succession et sur chacun des objets qui la composent. Ce concours de plusieurs droits égaux sur une même chose constitue l'état qu'on appelle indivision. Tant qu'il subsiste, aucun des héritiers ne peut exclusivement user, jouir ou disposer de la totalité ni d'une partie quelconque de la succession; car il existe sur la moindre molécule de chaque objet héréditaire un droit qui est égal au sien et qui par conséquent fait obstacle à son libre exercice. Dans cet état de choses, tout acte d'usage, jouissance ou disposition concernant les choses héréditaires doit émaner du consentement de tous les cohéritiers. Mais l'unanimité de vues et de conduite existe rarement entre plusieurs personnes; aussi, quand il y a quelque décision à prendre relativement aux choses héréditaires, le plus souvent le dissentiment des cohéritiers fait naître entre eux des contestations et par suite des procès; sinon empêche de mettre à exécution des mesures qui seraient dans leur intérêt commun. Ces résultats ont fait considérer l'indivision comme un état contraire et à l'intérêt public et à l'intérêt privé; à l'intérêt public, parce que les contestations auxquelles il donne lieu entre les héritiers trouble la paix publique ; à l'intérêt privé, parce qu'il interdit à chaque héritier le libre usage de sa chose et la faculté d'en disposer à son gré. C'est pourquoi les législateurs de tous les temps ont consacré, comme un principe d'ordre public, cette règle que les héritiers ne peuvent être tenus de rester indéfiniment dans l'indivision, et leur ont fourni les moyens d'en sortir par la substitution à cet état de l'état contraire, c'est-à-dire, par la substitution du droit d'un seul au droit de plusieurs. Tel est l'objet du partage qui fait la matière de ce travail.

DROIT ROMAIN.

En droit romain il y avait, comme en notre droit, deux modes de partage, à savoir le partage amiable et le partage judiciaire.

I. Partage amiable.

Les cohéritiers pouvaient faire à l'amiable le partage d'une succession indivise entre eux; par elle-même une telle convention n'était pas obligatoire et ne faisait pas obstacle à la demande d'un partage judiciaire, c'est-à-dire, à l'exercice de l'action *familiæ erciscundæ*, par suite de laquelle un arbitre était chargé de terminer le partage sans avoir à tenir compte de celui précédemment fait par les héritiers eux-mêmes (loi 15, au Code *familiæ erciscundæ*). Mais il existait deux moyens pour faire produire effet au partage fait à l'amiable, c'étaient :

1° Son exécution immédiate, c'est-à-dire la tradition que les copartageants se faisaient réciproquement des objets qui composaient leurs lots; alors chacun d'eux en acquérait immédiatement la propriété et avait pour la protéger : 1° une action en revendication par laquelle il en obtenait la possession ; 2° une exception pour repousser l'action *familiæ erciscundæ* intentée contre lui par ses cohéritiers. Si le partage n'avait été exécuté qu'à l'égard d'un héritier qui seul avait reçu son lot, les autres ne pouvaient le contraindre, au moyen d'une action directe, à leur délivrer leurs lots ; mais ils avaient contre lui l'action en dommages et intérêts *præscriptis verbis*.

2° L'adjonction à la convention de partage d'une stipulation.

Dans ces diverses hypothèses même il n'était pas nécessaire que la convention de partage fût constatée par écrit ; mais il fallait qu'elle eût été souscrite par des majeurs de vingt-cinq ans.

II. Partage judiciaire.

L'action par laquelle les cohéritiers provoquaient le partage en justice d'une succession avait reçu en droit romain une dénomination particulière, elle était désignée sous le titre d'action *familiæ erciscundæ;* elle venait de la loi des Douze Tables et figurait probablement dans la cinquième, celle relative aux successions.

Les principaux caractères de cette action étaient les suivants :

1° Elle était double, c'est-à-dire, chaque partie y jouait à la fois le rôle de demandeur et celui de défendeur ; d'où il résulte qu'elle était tenue d'accomplir toutes les obligations auxquelles chacune de ses qualités astreignait les plaideurs ; ainsi elle devait prêter un double serment, l'un *non calumniæ causa in litem intendere*, à titre de demanderesse, l'autre *non calumniæ causa ad inficias ire* à titre de défenderesse (loi 44, § 4, ff., *familiæ erciscundæ*) ; si elle agissait par procureur, celui-ci devait fournir une double caution, celle *de rato* à titre de demandeur, et celle *judicatum solvi* à titre de défendeur (loi 15, § 1, ff., *de procuratoribus et defensoribus*. Cependant, quoique les droits et les obligations de demandeur et de défendeur fussent communs à tous les copartageants, la nécessité de la procédure exigeait que l'or-

donnance du débat fût exclusivement confiée à l'un deux ; c'est
pourquoi, le rôle de demandeur, sous ce rapport, n'appartenait
qu'à un seul, à celui qui avait intenté l'action *familiæ erciscundæ*, ou si plusieurs l'avaient fait, à celui d'entr'eux que le
sort désignait (Lois 2, § 1, *communi dividundo*, 13 et 14, *de
judiciis*, au Digeste).

2° Elle était personnelle, car elle tendait à l'exécution d'une
obligation née comme d'un contrat, c'est-à-dire de l'indivision.
C'est ainsi qu'elle est formellement qualifiée par la loi 1, § 1, au
Code *de annali exceptione*.

3° Elle était de bonne foi (livre IV, titre VI, § 28 des Instituts
de Justinien).

4° Enfin, au § 20, même titre de ce même ouvrage, elle est
dite produire un effet mixte, tant à l'égard des personnes qu'à
l'égard des choses. L'explication de cette qualification donnée à
l'action *familiæ erciscundæ* en même temps qu'à celles *communi
dividundo* et *finium regundorum*, a singulièrement embarrassé
les interprètes ; les uns s'en tenant au sens littéral de ces termes
du texte *tam in rem quam in personam*, et se fondant en outre
sur un passage de Théophile, ont considéré les actions dont il
s'agit comme mixtes, en ce sens qu'elles étaient tout à la fois
réelles et personnelles. Cette explication est inadmissible, car une
même action ne peut être à la fois réelle et personnelle ; elle ne
peut, en effet, consister à soutenir l'existence d'une obligation
et à soutenir une prétention à un droit réel indépendant de toute
obligation ; elle ne peut à la fois contenir et ne pas contenir dans
l'*intentio* de sa formule le nom du défendeur ; en un mot, elle ne
peut comprendre simultanément les caractères opposés de l'action
réelle et de celle personnelle. D'autres interprètes ont entendu
les termes *tam in rem quam in personam* en ce sens que, dans
certaines actions qui se trouvaient tant parmi les actions réelles
que parmi celles personnelles, les rôles de demandeur et de défendeur se trouvent confondus. Cette locution se trouve avec
cette signification dans les § 3 et 31 de ce même titre, mais dans

le §.20 dont il est ici question elle ne peut être admise ; car il ne désigne que des actions personnelles. L'explication généralement adoptée aujourd'hui consiste à dire que les trois actions précitées sont *tam in rem quam in personam*, en ce sens que chacune d'elles embrasse deux objets distincts, les choses et les prestations (loi 22, § 4, D., *fam. ercisc.*), c'est-à-dire, les choses qu'il faut adjuger et les obligations ou prestations personnelles qui amènent les condamnations des personnes, et ainsi produit un double effet et donne au juge un double pouvoir sur les personnes et sur les choses.

5° Elle ne pouvait être intentée qu'une seule fois pour une même succession (loi 20, § 4, D. *fam. ercis.*). Cujas (*Recitationes*) sur la loi 1 du même titre, donne de cette règle l'explication suivante : Une fois que l'action *fam. erciscundæ* a été exercée relativement à une succession, elle en a fait cesser l'indivision, autrement elle eût été inutile ; si néanmoins des objets héréditaires restent encore indivis, ils ne constituent plus l'universalité juridique appelée succession, mais autant d'objets particuliers au partage desquels l'action *communi dividundo* peut seule s'appliquer comme le dit cette même loi.

Cependant, cette loi ajoute que l'action *familiæ erciscundæ* pourrait, par exception, être réitérée *cognita causa*, c'est-à-dire, dit Pothier, s'il y avait juste motif d'annuler le premier partage et de remettre par la *restitutio in integrum* la succession dans l'état d'indivision où elle était auparavant. Il en serait de même si l'action *fam. ercis.* n'avait été exercée qu'entre quelques héritiers comme le permet la loi 2, § 4, de ce titre ; dans cette hypothèse, les autres à l'égard desquels l'indivision subsisterait, pourraient à leur tour l'exercer et ainsi la réitérer pour une même succession. Telle la décision contenue dans la loi 20, § 4 du Digeste, *fam. ercis.* ; la loi 1re au Code (même titre) présente une décision opposée. On a proposé plusieurs conciliations de ces deux lois. Voët, liv. 10, tit. 2, n° 30, est d'avis que la première a pour objet le cas où le partage lors duquel des

biens héréditaires sont restés indivis a été fait en justice et que
la seconde se réfère au cas où ce partage a été fait par acte extra-
judiciaire. A l'appui de cette opinion, il invoque les termes même
de cette dernière loi : *Ex consensu divisisti*, y est-il dit. M. Ducaurroy (C. civ., tom. 2, n° 660) présente une autre conciliation ;
elle consiste à dire que si l'indivision dans laquelle sont restés
quelques biens est simplement la suite de l'indivision primitive,
il faut appliquer la loi première au Code et accorder une seconde
fois l'action *fam. erciscundæ* pour la faire cesser; mais que si au
contraire l'indivision est l'effet d'arrangements particuliers entre
les cohéritiers, qui, après avoir partagé une partie de la succession,
sont restés en communauté pour le surplus dans un but spécial, il
faut appliquer la loi 20, § 4 au Digeste, et décider qu'il y a
lieu seulement à l'action *communi dividundo*.

III. Durée de l'action familiæ erciscundæ.

L'action *familiæ erciscundæ* naît et finit avec l'indivision
qu'elle a pour objet de faire cesser.

Le mode d'extinction qui lui est le plus naturel et le plus ordinaire c'est le partage lui-même ; mais il est, indépendamment
de cette opération, des évènements qui peuvent suspendre son
exercice ou même l'empêcher indéfiniment.

L'action *fam. erciscundæ* peut être intentée par chacun des
cohéritiers à l'insu et même malgré les autres, si ce n'est lorsque ceux-ci ont quelques moyens de la repousser soit provisoi-
rement soit définitivement.

Le premier mode d'écarter l'action *fam. erciscundæ*, c'était
d'opposer à celui qui l'intentait l'exception préjudicielle : *Si in
ea re de qua agitur præjudicium hæreditati non fiat*, c'est-à-dire
d'exiger de lui qu'au préalable il prouvât sa qualité d'héritier.
Mais comme le dit la loi 1re, § 1er, *fam. erciscundæ*, cette exception ne pouvait s'opposer qu'à celui qui ne possédait pas
l'hérédité dont il demandait le partage, mais elle n'arrêtait pas

l'exercice de l'action *fam. erciscundæ* de la part d'un possesseur, sauf à l'arbitre devant lequel le partage avait lieu à juger d'abord la qualité d'héritier contestée, et la raison de ceci c'était comme le demandeur ne pouvait pas intenter la pétition d'hérédité qui ne s'accorde qu'au possesseur, on ne pouvait le forcer à y avoir recours.

Un second mode de repousser l'action *fam. erciscundæ*, c'était d'opposer à celui qui l'intentait l'exception tirée du pacte d'indivision consentie par lui pour quelques années ou imposée à ses héritiers par le *de cujus*.

Enfin, la prescription elle-même fournissait un moyen d'écarter, et d'une manière définitive, l'action *fam. erciscundæ;* elle ne pouvait être invoquée que par celui qui avait possédé séparément pendant le délai voulu, soit la succession entière, soit quelques-uns des objets héréditaires; tant qu'il y avait eu possession indivise, elle n'avait pu commencer à courir, par ce double motif : 1° que le laps de temps quelque long qu'il fût ne pouvait faire ce que la convention elle-même n'avait pu faire, c'est-à-dire établir l'indivision à perpétuité; 2° que la prescription étant fondée sur la négligence de celui qui laisse sa chose possédée par autrui, n'avait plus sa raison d'être entre les cohéritiers quand tous avaient possédé indivisément la succession et chacun des objets qui la composaient. Les lois 3 *de prescriptione triginta annorum* et 1ʳᵒ, § 1, *de annali exceptione* au Code, consacrent l'application de la prescription à l'action *familiæ erciscundæ*; dans cette dernière, Justinien nous apprend que des controverses s'étaient élevées sur la question du délai nécessaire pour cette prescription, et que quelques interprètes avaient voulu le porter à quarante ans, et il le fixe d'une manière expresse à trente ans.

L'action *familiæ erciscundæ* s'appliquait à toutes espèces de successions, testamentaires ou ab intestat, civiles ou prétoriennes, quel que fût le titre en vertu duquel elles étaient déférées, la loi des Douze Tables, une autre loi, un sénatus-consulte, une constitution, etc.; elle avait même lieu dans des cas où, à proprement dire, il n'y avait pas succession ; ainsi c'était par elle que l'impubère, exhérédé sans justes motifs par son adrogateur, obtenait des héritiers de celui-ci le quart des biens qu'il avait laissés, conformément à la constitution d'Antonin (loi 2 au Digeste, *fam. ercis.*). Elle pouvait même comprendre plusieurs successions toutes indivises entre les mêmes parties, ou du moins à l'égard de quelques-unes d'entr'elles. (Loi 25, § 3 et 4 au Digeste, *fam. ercis.*)

IV. OBJET DE L'ACTION FAMILIÆ ERCISCUNDÆ.

L'objet de l'action *familiæ erciscundæ*, d'après la loi 22, nº 4, *fam. ercis.*, était double, à savoir : les choses à partager et les prestations qui sont des actions personnelles à régler entre les cohéritiers. Les opérations au moyen desquelles l'arbitre *fam. ercis.* accomplissait sa mission sous ce double rapport étaient relatives : 1º au prélèvement que certains héritiers pouvaient avoir à faire dans la succession ; 2º au réglement des prestations personnelles qui existaient entr'eux activement et passivement; 3º à la division des choses héréditaires qui en étaient suscep-tibles ; 4º au règlement de certaines choses dont il n'y avait pas lieu ou possibilité de faire la division.

Nous allons successivement examiner chacune de ces opéra-tions.

§ 1er. — *Prélèvement.*

Pothier, dans son ouvrage sur les Pandectes, au titre *de fam. ercis.*, classe les causes de prélèvement de la manière suivante :

1º Les legs faits à titre de préciput par le *de cujus* à l'un de ses héritiers.

2° Les dons qu'un père avait faits entre vifs à l'un de ses enfants devenu depuis son héritier, au moment où celui-ci était sous sa puissance. Quoique cette donation fût nulle en droit, cependant si le testateur y avait persévéré jusqu'à sa mort, son décès la confirmait et elle valait comme préciput : telle est la décision contenue dans un rescrit de Dioclétien et Maximien (loi 18 au Code, *fam. ercis.*) ; mais la loi 13 au Code de *collationibus* renfermait une décision contraire des mêmes empereurs. Cujas (Observations, livre 3, chap. 30) essaie de concilier ces deux lois en disant que la première s'applique au cas où l'enfant, étant héritier testamentaire, n'était pas tenu de rapporter ce qui lui avait été donné, et que la deuxième s'applique au cas où l'enfant étant héritier ab intestat, cette obligation lui était imposée. Pothier repousse cette conciliation en se prévalant de la Novelle 18, chap. 6, d'après laquelle le rapport doit avoir lieu dans l'une ou l'autre hypothèse indiquée. Mais comme cette Novelle elle-même l'exprime, il n'en fut ainsi que depuis Justinien ; précédemment, et notamment au temps de Dioclétien et Maximien, l'héritier ab intestat était seul tenu de rapporter ; d'où il résulte que la distinction proposée par Cujas est exacte, ainsi que la conciliation qu'il en déduit.

3° Les dots des femmes ; lors du décès d'un père de famille qui avait sous sa puissance des fils mariés, les dots qu'il avait reçues des femmes de ceux-ci étaient, en vertu de cette règle, que là où sont les charges du mariage là doit être la dot (loi 56, § 1, D., *de jure dotium*), prélevées par le mari lui-même s'il devenait *sui juris*, sinon par celui en la puissance duquel il tombait. Cependant, comme les autres héritiers du *de cujus* n'en restaient pas moins exposés à une demande en restitution de dot de la part de la femme ou de celui qui l'avait constituée pour elle si certaines hypothèses venaient à se réaliser, celui qui exerçait le prélèvement devait fournir caution à ses cohéritiers qu'il les garantirait contre les suites de cette action en restitution (loi 20, § 2, D., *fam. ercis.*).

4° La dette même naturelle du défunt envers l'un de ses héritiers (loi 25, § 19, *fam. ercis.*).

5° Enfin la donation faite par un père à l'un de ses enfants, à
titre de dot ou de donation à cause de mariage, d'un objet qui,
rentré depuis dans les mains du *de cujus*, faisait partie des sa
succession, (loi 12 au Code *Communia utriusque judicii*).

Les prélèvements s'opéraient de la manière suivante : quant
aux corps certains, au moyen de l'adjudication que l'arbitre *familiæ erciscundæ* en prononçait au profit de l'ayant-droit ; quant
aux créances, au moyen de la cession d'action consentie par les
cohéritiers en faveur de celui à qui la créance revenait ; quant
aux sommes d'argent, ou par une condamnation prononcée contre
les héritiers, ou au moyen de la vente de certains objets héréditaires qui procuraient la somme nécessaire pour satisfaire l'héritier qui avait droit au prélèvement.

§ 2.—*Prestations personnelles.*

Dans l'ouvrage que nous avons déjà cité, Pothier range les
causes de prestations personnelles en trois classes, savoir :

1re *Classe.* — Tout héritier qui avait retiré profit d'une chose
héréditaire ou à cette occasion avait fait un gain quelconque,
était tenu, par l'action *familiæ erciscundæ*, de le rapporter à la
masse ; il en était ainsi, quel que fût l'objet du bénéfice et
quel que fût le mode par lequel il avait été réalisé ; il résulte
de là :

1° Que l'héritier devait, au moyen de la cession d'action ou
autrement, communiquer à ses cohéritiers le bénéfice de la pro-
messe qu'il avait obtenue d'un tiers, relativement aux choses de
la succession.

2° Que l'héritier, qui, de bonne foi, avait joui exclusivement
de la succession ou d'une chose héréditaire, en devait restituer à
la masse les fruits depuis la *litiscontestatio*.

3° Que l'héritier qui, relativement à la succession, avait obtenu une décision judiciaire, devait faire participer au gain qui en résultait ses cohéritiers.

Il faut pourtant remarquer que l'héritier qui n'avait reçu que sa part dans une créance héréditaire, quand même son cohéritier eût reçu moins que lui, n'était obligé, à l'égard de ce dernier, à aucune restitution; car, les créances se divisant de plein droit, il n'avait eu en réalité que ce qui lui appartenait.

2e *Classe*. — Tout héritier qui, soit par lui-même, soit par des personnes dont il était responsable, avait causé un dommage à la succession, était tenu par l'action *familiæ erciscundæ* à le réparer (Loi 19 au Code, *fam. erciscundæ*). Mais, outre l'action *familiæ erciscundæ*, le fait dommageable commis par l'héritier, s'il constituait un délit, donnait par lui-même une action pénale, l'action *furti*, par exemple, si c'était un vol (Lois 16, § 4, ff., *fam. ercis.*, et 45, ff., *de furtis*). Ces deux actions n'ayant rien de commun, pouvaient être cumulées sans inconvénient, l'une tendait à la poursuite de la peine, l'autre à celle de la chose. Au contraire, si le fait dommageable commis par l'héritier ne constituait pas un délit, celui-ci ne devait tenir compte à ses cohéritiers que de la valeur même dont il les avait privés, et dans cette appréciation il était tenu non seulement de son dol, mais encore de sa faute (Lois 25, § 16, *fam. ercis.*).

3e *Classe*. — Le préjudice personnel éprouvé par un héritier, pour une cause se rattachant à la succession, donnait à celui-ci droit d'en obtenir la réparation de la part de ses cohéritiers. Ce préjudice pouvait résulter : 1° d'un fait commis par un esclave héréditaire au détriment de l'un des héritiers. Dans cette hypothèse, lors même que le fait dommageable constituait un délit, il ne donnait pas naissance à une peine; car, la même personne, c'est-à-dire l'héritier, étant à la fois victime et responsable du délit, ne pouvait en demander la répression et par suite exercer l'action pénale. Son droit se bornait à obtenir par l'action *fam. ercisc.* la restitution de l'objet lui-même dont il avait été privé, ou sa valeur; 2° de dépenses faites dans l'intérêt commun par l'un des cohéritiers; celui-ci en obtenait le remboursement, dans la mesure de l'utilité qu'elles avaient eue au moment où elles avaient été faites, soit au moyen de l'action *familiæ erciscundæ*, si l'opération avait été indivisible, c'est-à-dire telle que l'héritier n'avait pu la faire seulement pour sa part et portion héréditaire, soit par l'action *negotiorum gestorum*, dans l'hypothèse opposée. Telle est la distinction contenue dans les lois 25, § 15, ff., *fam. ercisc.*, et 6, § 2, ff., *com. dividundo* ; elle avait une grande importance, à raison de la différence des deux actions précitées sous le rapport de la responsabilité du débiteur, car dans celle *fam. ercisc.* ce dernier n'était tenu que de la faute légère; au contraire, dans celle *negotiorum gestorum*, il était tenu même de la faute très légère.

Il était des règles communes à ces trois classes de prestations :

1° Quel que fût l'objet des prestations, l'action *familiæ erciscundæ* ne s'y appliquait qu'à ces deux conditions : 1° que les faits qui y donnaient lieu fussent postérieurs à l'adition d'hérédité, sauf pourtant quelques exceptions fondées sur des motifs d'équité ; 2° que dans l'accomplissement de ces faits l'héritier de qui ils émanaient eût eu en vue la succession, c'est-à-dire, eût agi comme héritier.

2° Les condamnations ou absolutions auxquelles les prestations personnelles donnaient lieu devaient être prononcées par l'arbitre *familiæ erciscundæ* contre tous les cohéritiers; si elles ne l'étaient que contre quelques-uns, la sentence était complétement nulle (Loi 27, D., *familiæ erciscundæ*).

§ 3. — *Division.*

L'objet véritable et principal de l'action *familiæ erciscundæ* consistait dans le partage proprement dit, c'est-à-dire, dans la division des choses communes entre les cohéritiers. Avant de rechercher les modes par lesquels cette opération s'effectuait, il faut déterminer les choses au sujet desquelles elle avait lieu.

Ulpien, dans la loi 2, D., *familiæ erciscundæ*, les indique en ces termes : « *Et generaliter eorum duntaxat dividi hereditas potest, quorum peti potest hereditas.* » Du reste, il n'y avait pas à distinguer entre les choses dont le *de cujus* avait le domaine quiritaire et qui constituaient son patrimoine et celles qu'il avait simplement *in bonis* et qui se trouvaient dans ses biens à titre d'emphytéose, de gage, de dépôt, de commodat et de louage, etc., même celles qui ne se trouvaient dans la succession que sous la charge d'une condition dont la réalisation les en ferait sortir (lois 4, 10, 11 et 12, D., *fam. ercis.*, 19 et 25, § 19, *de petitione hæreditatis*, au Digeste).

Cependant la formule d'Ulpien n'est pas exacte en tous points ; elle pèche sous un double rapport : 1° il est des choses qui, quoique comprises dans la pétition d'hérédité, n'étaient pas susceptibles de division, les unes parce que l'indivision en avait cessé au moment où l'action *familiæ erciscundæ* était intentée, les autres parce qu'elles étaient indivisibles ; 2° il est des choses qui, quoique la pétition d'hérédité ne s'y appliquât pas, devenaient l'objet d'une division entre les héritiers par suite de l'exercice de l'action *familiæ erciscundæ*.

Première classe.—Choses dont le partage a déjà été opéré.

Ce sont :

1° Les créances héréditaires, qui, d'après la loi des Douze Tables, se divisaient de plein droit entre les cohéritiers en proportion de leurs portions héréditaires (loi 4, D., *fam. ercis.*) ;

2° Lorsqu'un héritier avait perdu par l'effet d'une aliénation ou d'une décision judiciaire sa part indivise dans une chose héréditaire ; pour cette chose l'indivision avait cessé d'exister entre lui et ses cohéritiers, et par conséquent l'action *familiæ erciscundæ* ne pouvait plus avoir lieu à son égard ; mais elle subsistait entre ses cohéritiers qui avaient conservé leurs parts indivisés à titre héréditaire (loi 25, § 6, *fam. ercis.*). Tel est l'avis de

Cujas, *recitationes ad Pandectas* (loi 25, § 6). Cependant cette décision semble contredite par la loi 51, D., *familiæ erciscundæ*; mais il faut l'entendre, d'après Cujas, en ce sens qu'elle n'interdisait l'usage de l'action *familiæ erciscundæ* que relativement au tiers acquéreur et à l'héritier qui lui avait cédé sa part.

Deuxième classe.—Choses indivisibles.

Il y avait plusieurs causes d'indivisibilité, c'étaient :

1° La nature même de certaines choses qui s'opposait à leur division; cette cause existait en ce qui concerne notamment les servitudes et le droit de patronage;

2° La loi qui, dans un but moral, interdisait à l'arbitre de prêter son ministère à la division, tantôt parce que l'objet indivis était un lieu religieux, tantôt parce qu'il provenait d'un crime, vol, péculat, tantôt enfin parce qu'il était en lui-même vicieux et consistait, par exemple, en poison, mauvais livres;

3° L'intérêt des cohéritiers, qui exigeait que certaines choses restassent communes et fussent conservées par un seul, telles que les titres de propriété ou de créance, le testament du *de cujus*.

Troisième classe.

Il faut considérer comme rentrant dans l'action *familiæ erciscundæ* des choses acquises à la succession depuis l'adition d'hérédité, quoique la pétition d'hérédité ne s'y appliquât pas; elles n'étaient pas par elles-mêmes choses héréditaires, mais comme elles provenaient d'une cause héréditaire, elles étaient communes entre les cohéritiers, et comme telles étaient susceptibles d'être partagées par l'action *familiæ erciscundæ*.

Une première règle est tracée à l'arbitre *familiæ erciscundæ*, c'est qu'il ne doit rien laisser indivis (loi 25, § 20, *fam. ercis.*, au Digeste). Si pourtant des objets héréditaires étaient restés indivis, la sentence du juge ne vaudrait pas moins quant à ceux à qui elle s'appliquerait, comme le prouve la loi 20, § 4, de ce même titre.

Une deuxième règle que les lois (52, § 3, D., *fam. ercis.*, et 10, § 2, *com. div.*, au Digeste) imposaient au *judex familiæ erciscundæ*, c'était de faire précéder la division d'une estimation à juste prix des choses à l'égard desquelles elle devait avoir lieu.

Le mode de division des choses corporelles et celui des droits n'étaient pas les mêmes ; nous allons examiner à part chacun d'eux.

1° Choses corporelles.

La division des choses corporelles s'opérait au moyen de l'adjudication qu'en prononçait l'arbitre *familiæ erciscundæ* au profit de tel ou tel héritier.

Elle pouvait avoir lieu de diverses manières :

1° Par l'adjudication faite à chacun des héritiers d'une partie équivalente à son droit héréditaire dans chaque objet de la succession.

2° Par l'adjudication pour le tout d'un objet héréditaire différent à chacun des héritiers.

Mais dans l'un et l'autre cas il fallait éviter de séparer ce qui, dans l'intérêt commun des cohéritiers ou pour une raison morale, était inséparable (loi 11, au Code, *communia utriusque judicii*).

Dans l'un et l'autre cas il n'était pas indispensable que chaque héritier fût exactement rempli de ses droits par l'objet qui lui était adjugé ; si quelqu'un avait reçu moins qu'il ne lui revenait, il obtenait le complément de sa portion héréditaire au moyen de la condamnation à une somme équivalente qui était prononcée à son profit contre ses cohéritiers ou quelques-uns d'entre eux ; si au contraire quelqu'un avait reçu un objet d'une valeur supérieure à sa portion héréditaire, il tenait compte du surplus à ses cohéritiers par l'effet d'une condamnation prononcée à leur profit contre lui.

3° Par l'adjudication du fonds au profit d'un héritier et de l'usufruit à un autre héritier.

4° Par la licitation, c'est-à-dire par l'adjudication prononcée au profit d'un seul héritier à la suite de la mise aux enchères de la chose indivise. Ce procédé ne devait être employé que lorsqu'il y avait incommodité pour les cohéritiers ou impossibilité de recourir aux autres modes de division.

2° Droits incorporels.

1° *Usufruit.*—Un usufruit peut se trouver indivis entre héritiers dans deux cas, à savoir : si le *de cujus* a légué à un tiers un fonds *deducto usufructu* , c'est-à-dire sous la réserve de l'usufruit; si un usufruit a été légué à un esclave héréditaire ; dans l'un et l'autre cas il y avait lieu, de la part de l'arbitre *familiæ erciscundæ* , de régler le mode d'exercice de cet usufruit entre les cohéritiers. On ne pouvait l'adjuger, c'est-à-dire l'attribuer exclusivement à un seul héritier, car telle en est la nature que la cession qu'on en fait à autrui l'éteint aussitôt ; cependant, si le droit de l'usufruit est en lui-même incessible, rien ne s'oppose à la cession et par suite à la division du bénéfice qu'on en retire, c'est-à-dire des fruits qui, naturellement, sont susceptibles de division. Sous ce rapport , l'arbitre *familiæ erciscundæ* opérait la division de l'usufruit à l'aide de moyens détournés que les lois 7, § 10, au Digeste, *communi dividundo*, et 16, § 2, *fam. ercis.*, indiquent; c'étaient : l'assignation à chaque héritier d'une portion séparée dont il avait exclusivement la jouissance; la location de l'usufruit soit à un des usufruitiers soit à un tiers, moyennant un prix dont chaque usufruitier recevait sa portion; la jouissance alternative de l'objet grevé d'usufruit pendant un temps déterminé pour chaque héritier en proportion de l'étendue de ses droits.

2° *Usage.*—A un certain point de vue l'usufruit est divisible, et en s'y plaçant la loi avait trouvé plusieurs moyens d'en régler l'exercice entre les cohéritiers ; au contraire, l'usage est complétement indivisible (loi 19, D., *de usu et habitatione*) ; mais la nécessité avait fait introduire des moyens, quoique contraires à la nature de ce droit, d'en faire profiter séparément les héritiers ; ils consistaient dans l'attribution à un seul de l'usage , sauf à celui-ci à tenir compte à chacun de ses cohéritiers d'une indemnité équivalente à leur portion héréditaire. Un tel résultat était opposé à la rigueur du droit; aussi c'était par l'intervention du préteur et à titre de correctif qu'il était obtenu.

3° *Gage.* — Si les héritiers trouvaient dans les biens du *de cujus* et à titre de gage un objet appartenant à un tiers, l'arbitre *familiæ erciscundæ* devait adjuger à un héritier le gage pour le tout et condamner celui-ci à payer à chacun de ses cohéritiers une somme équivalente à sa part dans la créance garantie, dont l'adjudicataire obtenait l'entier remboursement de la part du débiteur (Lois 7, § 12, com. *dividundo*, et 29, *fam. ercis.*, au Digeste).

§ 4.—*Règlement de certaines choses qui ne sont pas susceptibles de division.*

Nous avons précédemment indiqué comme ne donnant pas lieu à division de la part de l'arbitre *familiæ erciscundæ* :

1° Les créances ; 2° certaines choses indivisibles. Ce n'est pas à dire pourtant que les unes et les autres ne pussent, dans l'instance du partage, devenir l'objet de certain règlement plus avantageux aux cohéritiers que l'état dans lequel elles se trouvaient.

1° *Créances.*—Les créances étaient, avons-nous dit précédemment, divisées de plein droit entre les cohéritiers ; il résultait de là que chacun de ces derniers acquérait immédiatement une part équivalente à sa portion héréditaire, dans chaque créance héréditaire ; si lors de l'instance en partage un motif quelconque exigeait qu'un seul héritier reçût pour la totalité soit toutes les créances héréditaires, soit l'une d'elles seulement, ce résultat ne pouvait être obtenu, d'après les principes du droit romain en matière de cession, d'une manière directe, car il n'y avait aucun moyen pour rendre cet héritier créancier pour le tout ; mais on arrivait indirectement au même résultat en constituant l'héritier en question *procurator in rem suam* de ses cohéritiers quant aux portions que chacun de ceux-ci avait dans . créance qu'on voulait lui attribuer pour le tout (loi 4, *fam. ercis.*).

2° *Choses indivisibles.* — A l'égard de la plupart des choses indivisibles que nous avons indiquées, l'arbitre *familiæ erciscundæ* devait se borner à les laisser dans l'état où elles étaient: il était cependant certaines d'entre elles à l'égard desquelles il avait une mission à remplir : c'étaient les titres et le testament du *de cujus* dont il devait régler le dépôt (lois 4, 5 et 6 du D., *fam. ercis.*).

V. Effets du partage consommé par suite de l'exercice de l'action familiæ erciscundæ.

Pour déterminer les effets du partage, nous nous placerons à deux points de vue différents : 1° rapports des cohéritiers entre eux ; 2° rapports des héritiers avec les tiers.

§ 1er. — Rapports des cohéritiers entre eux.

L'action *familiæ erciscundæ* ayant pour objet de faire cesser l'indivision des successions impliquait l'existence de la qualité d'héritier dans la personne de chacune des parties entre lesquelles elle était exercée ; en partant de là, on est amené à se demander quel était, quant à la pétition d'hérédité, le résultat d'une instance en partage accomplie ; en d'autres termes, si celui qui avait partagé une succession avec une personne qui n'était pas son cohéritier pouvait obtenir de celui-ci la restitution des choses héréditaires qui lui avaient été livrées et des prestations personnelles qui avaient été acquittées entre ses mains. Il faut distinguer le cas où il y avait eu erreur de celui où il n'y avait pas eu erreur ; c'est le dernier que nous allons examiner d'abord. Il semblerait que dans cette hypothèse aucune difficulté ne devrait s'élever et que le fait d'avoir procédé à un partage en justice avec un étranger devrait être considéré comme un aveu judiciaire dont il n'y aurait aucun moyen de réparer les suites, conformément à la loi 1, **D.**, *de confessis ;* cependant la loi 37, au Digeste, *familiæ erciscundæ,* présente une décision contraire ; elle est ainsi conçue : « *Qui familiæ erciscundæ judicio agit, non confitetur adversarium sibi esse coheredem.* » Elle a donné lieu à bien des explications diverses. Accurse, dont Cujas nous indique l'opinion, a successivement présenté trois explications consistant à dire que l'héritier qui agit par l'action *familiæ erciscundæ* ne faisait pas aveu : 1º en ce sens que cet aveu ne lui préjudiciait pas ; 2º en ce sens que l'aveu dont il s'agissait dans la loi précitée était fait par erreur ; 3º en ce sens que l'aveu était fait avant la litiscontestation. Cujas, dans ses Observations, livre 9, chapitre 16, adopte la première explication donnée par Accurse, en se fondant sur le motif que, comme dans l'instance en partage il n'est pas question de savoir à qui appartient l'hérédité, celui qui exerçait l'action *familiæ erciscundæ* n'avouait pas, par cela même, que celui contre lequel il agissait était son cohéritier ; mais, dans ses *recitationes ad Pandectas,* L. 1, *familiæ erciscundæ,* il émet un avis tout opposé, et enseigne d'une manière formelle que le fait d'avoir procédé, soit en demandant, soit en défendant, à l'instance *familiæ erciscundæ,* constituait de la part du véritable héritier un aveu de la qualité de son adversaire, duquel il ne pouvait revenir ; à l'appui de cette opinion, il cite les lois 1, § 2, au Digeste, *si pars hereditatis,* lois 51, § 1 et 36, *familiæ erciscundæ,* au Digeste, et conclut que la négation doit être supprimée dans la loi 37 dont il est question comme elle l'est

dans le texte grec des Basiliques. Telle est aussi l'opinion de Pothier, qui, pourtant, pense que la première opinion de Cujas serait
également juste. Si c'est par erreur que l'héritier véritable,
croyant son adversaire son cohéritier, a agi avec lui par l'action
familiæ erciscundæ, il faut distinguer le cas où le partage a été exécuté de celui où il ne l'a pas encore été. Dans cette dernière hypothèse, l'héritier qui se serait trompé pourrait repousser, par l'exception de dol, la revendicaton ou les actions personnelles intentées contre lui par son copartageant, en vertu de la sentence
prononcée entre eux par l'arbitre *familiæ erciscundæ* (loi 5, D.,
de actionibus empti). Mais si la sentence du juge avait été déjà exé-
cutée, l'héritier ne pourrait, au moyen de la *condictio indebiti*, obtenir les choses qui avaient été adjugées à son adversaire ou les
sommes qui lui avait été payées en vertu des condamnations prononcées à son profit, car la *condictio indebiti* n'existait pas pour
répéter ce qui avait été livré ou payé *ex causa judicati;* et ceci
tenait à deux causes : 1º à l'autorité de la chose jugée, à l'effet de
laquelle il n'y avait qu'un moyen à opposer, l'appel; 2º à ce que
tout ce qui avait été payé, même indûment, en vertu d'une cause
qui, comme la *causa judicati, crescit inficiatione in duplum*, était
censé l'avoir été sciemment pour éviter la peine du double, et, par
suite, ne donnait pas lieu à restitution. Telle est la décision contenue dans la loi 36, D., *familiæ erciscundæ*.

L'adjudication prononcée par l'arbitre *familiæ erciscundæ*
transférait immédiatement à l'héritier au profit duquel elle avait
lieu, la propriété de la chose adjugée, et avec elle l'action en revendication, et généralement toutes les actions et exceptions qui
étaient nécessaires pour la protéger. Cependant, si ces actions
avaient été intentées par tous les cohéritiers antérieurement à
l'adjudication et n'avaient pas encore, au moment où celle-ci a été
prononcée, amené une sentence judiciaire, elles ne passaient pas
de plein droit sur la tête de l'adjudicataire, mais le bénéfice devait lui en revenir; c'est pourquoi il y avait lieu entre lui et ses
cohéritiers à une double stipulation : 1º ceux-ci lui donnaient

caution de lui restituer tout ce qu'ils obtiendraient par suite de la sentence à intervenir; 2° de son côté il leur fournissait caution de leur tenir compte de tous les frais qu'aurait occasionnés l'instance dont il devait profiter (loi 44, § 1, D., *familiæ erciscundæ*).

Il n'en était ainsi pourtant que lorsque les actions tendaient à faire obtenir un droit réel sur la chose ou un attribut essentiel du droit de propriété; mais, si elles n'avaient été exercées qu'à l'occasion de la chose, comme l'action *furti*, par exemple, la sentence profitait à tous les cohéritiers, car, dans cette hypothèse, il s'agissait de réparer un dommage qui avait été commun à tous au moment où il avait eu lieu.

L'usufruit et l'usage sont des droits intimement attachés à la personne, c'est pourquoi ils ne peuvent être transférés à un autre; pourtant, dans l'intérêt des cohéritiers, comme nous l'avons vu précédemment, la loi fournissait un moyen détourné d'en diviser l'exercice entre eux; mais ceci n'empêchait que le droit lui-même continuât à reposer sur la tête de chacun d'eux pour sa portion indivise.

De même l'attribution faite, par l'arbitre, de la totalité d'une créance héréditaire, ne pouvait l'en rendre créancier pour le tout.

Pour déterminer les obligations qui naissaient entre les cohéritiers du partage, les jurisconsultes romains l'ont comparé à la vente (loi 1re, au Code, *communia utriusque judicii tam familiæ erciscundæ quam communi dividundo*). Et, en conséquence, ils ont décidé que les cohéritiers seraient tenus de se garantir mutuellement leurs lots. Cette garantie existait bien de plein droit, pourtant il rentrait dans la mission de l'arbitre *familiæ erciscundæ* de la faire consacrer par une stipulation formelle de la part des cohéritiers et par une caution qu'ils se donnaient mutuellement (loi 14, au Code, *fam. erciscundæ*, et loi 25, § 21, au Digeste, *fam. erciscundæ*). Mais il y avait entre les deux cas une double différence : 1° si la garantie avait été stipulée, l'héritier évincé agissait par l'action *ex stipulatu* et pouvait exercer son recours même dans le cas où il connaissait, au moment du partage, la cause d'éviction ; 2° si la garantie n'avait lieu qu'en vertu de la loi, l'héritier évincé agissait par l'action *præscriptis verbis* et ne pouvait exercer de recours quand, au moment du partage, il connaissait la cause d'éviction (loi 7, *communia utriusque judicii*, au Code).

Les interprètes du droit romain ont tiré de l'assimilation du partage à la vente une autre conséquence, c'est qu'il était aussi rescindable pour lésion ; mais, comme aucun texte formel n'indique la lésion comme une cause de rescision du partage, et consacre son assimilation, sous ce rapport, à la vente, ils n'ont pu s'accorder sur le chiffre de la lésion. Cependant la plupart ont pensé qu'elle devait avoir lieu comme en matière de vente, et que le chiffre devait être de moitié de la valeur réelle. Cette décision est fondée sur les deux lois 3, *communia utriusque judicii*, et 2, *rescindend. vend.*, l'une et l'autre au Code.

§ 2. — *Rapports des cohéritiers avec les tiers.*

Le partage est pour les tiers *res inter alios acta* ; c'est pourquoi il ne pouvait porter atteinte à l'existence des droits qu'antérieurement ceux-ci avaient acquis de l'un des cohéritiers, relativement à sa portion indivise dans la succession ; de là il résultait :

1° Si un héritier avait aliéné sa part indivise d'un objet héréditaire au profit d'un tiers, celui-ci l'avait acquise irrévocablement, et le partage ne pouvait la lui enlever. Mais il n'en était ainsi qu'autant que l'aliénation était accomplie au moment où avait lieu la litiscontestation de l'action *familiæ erciscundæ*. Si, à cette époque, la tradition, qui, en cas de vente par exemple, rendait seule l'acheteur propriétaire, n'était pas faite, la portion vendue n'en était pas moins comprise dans l'action *fam. ercis-*

cundæ, en sorte que l'effet de la vente était subordonné
à l'avénement de l'instance en partage (loi 13, au Digeste, *fam.
ercis.*). La raison pour laquelle postérieurement à la litiscontestation l'aliénation ne produisait plus un effet irrévocable, c'est
qu'après cette époque la chose indivise était devenue litigieuse,
et qu'aucune partie ne pouvait changer sa condition en transfé-
rant sa portion à autrui (loi 2, au Code, *de litigiosis.*)

Ce que nous venons de dire de l'aliénation était vrai également de la constitution d'un droit de gage (loi 7, § 13, au Digeste, *communi dividundo*), mais ne s'appliquait pas aux servitudes ; en ce qui les concerne, un héritier ne pouvait, même
quant à sa portion indivise d'un immeuble, constituer au profit
d'un tiers un droit de servitude ou éteindre une servitude active,
ce qui tenait à ce que ces servitudes sont indivisibles (loi 34, au
Digeste, *de servitulibus prædiorum rusticorum;* loi 72, *de verbo-
rum obligationibus*).

Jusqu'ici nous avons envisagé les rapports des tiers avec tous
les cohéritiers ; à ce point de vue le partage n'a aucun effet; il
en produisait, au contraire, quelquefois dans les rapports des tiers
avec l'héritier avec lequel ils avaient contracté. C'est ainsi qu'en
matière de vente, le tiers qui avait acheté d'un des héritiers sa
part indivise dans un objet héréditaire était tenu de prendre
tout ce qui, par l'effet de l'instance, avait été adjugé à son vendeur, soit la totalité, soit telle portion déterminée de l'objet
vendu (loi 13 , § 17, *de actionibus empti et venditi ;* loi 7,
§ dernier, au Digeste , *cum dividundo*). Le motif de cette décision, c'est que le tiers, n'ayant pas acquis un droit réel, était
censé l'ayant-cause de son vendeur, et devait supporter tout
ce qui, relativement à la chose vendue, arriverait à celui-ci par
nécessité.

DROIT FRANÇAIS.

CHAPITRE PREMIER.

ACTION EN PARTAGE.

§ 1er. — *A quelles successions s'applique l'action en partage.*

Le partage est un acte qui a pour objet de faire cesser l'indivision.

Il y a indivision toutes fois que plusieurs personnes ont simultauément un droit de même nature sur un même objet.

En matière de succession, comme notre droit reconnaît à tous les successeurs généraux, héritiers légitimes ou irréguliers, légataires ou donataires universels ou à titre universel, des droits de même nature portant indistinctement sur tous les biens héréditaires (art. 711 et 732 C. Napoléon); toutes fois que plusieurs personnes sont appelées par la loi ou par la volonté de l'homme à recueillir une même succession, il y a entre elles indivision et par suite, il y a lieu à l'action en partage.

Un auteur, Toullier (*Traité du droit civil français*, t. IV,

n°s 281 et 282), refuse aux enfants naturels en concours avec
des héritiers légitimes et aux légataires à titre universel l'action en partage proprement dite ; il prétend que le droit des uns
et des autres se borne à demander la délivrance de leur part de la
succession à leur cosuccesseur saisi héritier légitime ou léga-
taire universel, sauf à celui-ci à leur assigner, pour les remplir de leurs droits, tel lot qu'il lui convient parmi ceux formés
par les experts. Cet auteur fonde cette doctrine sur l'absence
de saisine légale au profit des enfants naturels et des légataires à titre universel, et en outre sur la maxime *electio debitoris est*, consacrée par l'art. 1190 du Code Napoléon.
Cette doctrine est généralement rejetée. M. Duvergier, l'annota-
teur de Toullier (note *a* sur les n^os précités), s'est chargé lui-
même de la réfuter ; il dit : Le droit des enfants naturels et
des légataires à titre universel sur la succession, n'est pas seulement une créance, c'est un droit réel ; ils sont donc copropriéé-
taires de l'hérédité, et, s'il en est ainsi, l'action qui leur com-
pète pour obtenir leur quote-part de celle-ci, ne peut être
évidemment qu'une action en partage aussi puissante que
celle qui appartient à l'héritier saisi, puisque les droits des
uns et des autres sont de même nature (art. 711 C. Napoléon).
L'absence de saisine légale a seulement pour conséquence d'assujettir celui à qui elle manque à demander la délivrance de sa
quote-part héréditaire (art. 724,) mais elle est sans influence
sur la nature du droit lui-même, et ne la modifie en aucune
sorte. Quant à la maxime *electio debitoris est*, qui suppose un
débiteur propriétaire exclusif de plusieurs choses dont il doit délivrer l'une, elle est complétement étrangère aux rapports d'un
copropriétaire avec ses consorts.

D'autres auteurs (Chabot, Commentaire sur les successions,
art. 757, n° 14; Dalloz, ancien Répertoire, t. 12, p. 320,
n° 18), se fondant sur ce que les enfants naturels ne tiennent pas à la famille et ne sont pas à proprement dire héritiers, ont prétendu que l'action en partage qui leur appar-

tient n'est pas celle qualifiée en droit romain *familiæ erciscundæ*, mais celle désignée sous le titre de *communi dividundo*, d'où un arrêt de la cour d'appel de Paris, du 4 germinal an **XIII**, avait conclu qu'ils ne pouvaient provoquer le partage qu'en cas de refus ou de négligence de la part des héritiers légitimes. Cette conclusion en elle-même est inexacte ; quelle que soit l'action en partage par laquelle on agit, celle *familiæ erciscundæ* ou celle *communi dividundo*, le droit de sortir de l'indivision est absolu; et chacun des copropriétaires peut, dès qu'il lui plaît, demander le partage (art. 815, C. N.). Mais à part cette inexactitude de la conclusion, le principe d'où on la déduit, c'est-à-dire l'opinion d'après laquelle l'action en partage qui appartient aux enfants naturels est une action *communi dividundo*, nous paraît erronée; car si l'on s'en tient à la définition romaine, l'action intentée dans l'hypothèse dont il s'agit, ayant pour objet une universalité juridique indivise à titre de succession, réunit tous les caractères de l'action *familiæ erciscundæ*. Du reste la question de la dénomination à donner à cette action en partage n'offre pas grand intérêt pratique en notre droit, puisque l'action *familiæ erciscundæ* et celle *communi dividundo* y sont soumises aux mêmes règles (art. 1872 et 1476, C. N.).

Ce n'est pas à dire pourtant que l'espèce de successeurs entre lesquels l'indivision existe ne soit sans influence sur l'étendue de l'action en partage; il s'en faut; et en effet, quand elle est exercée entre des héritiers ou des enfants naturels, elle emporte pour chacun de ceux-ci l'obligation de rapporter à la masse à partager les dons qu'il a reçus du *de cujus* et les sommes qu'il lui devait (art. 760 et 829, C. N.). Et en outre elle comprend nécessairement les fruits produits par les choses héréditaires depuis l'ouverture de la succession; au contraire, quand l'action en partage a lieu entre légataires ou donataires universels ou à titre universel, elle n'entraîne jamais l'obligation du rapport (art. 857, C. N.) et elle ne comprend les fruits que dans certaines circonstances et sous certaines conditions (art. 1005, 1006, 1011, C. N.)

A ce point de vue seul on pourrait distinguer l'action en partage qui a lieu entre successeurs légitimes, et celle qui a lieu entre successeurs en vertu de la volonté de l'homme.

§ 2. — *Naissance de l'action en partage.*

L'action en partage naît et finit avec l'indivision, qu'elle a pour objet de faire cesser.

Or, le décès du *de cujus* relativement à certains successeurs (art. 724, C. N.), et relativement aux autres l'envoi en possession (art. 724, 1004 et 1011, C. N.), tels sont les événements qui attribuant les droits et actions du défunt et leur exercice sont en matière de succession le point de départ de l'action en partage entre cohéritiers.

Cependant, comme le partage suppose dans celui qui le fait la qualité d'héritier, et comme l'acceptation seule fixe d'une manière irrévocable cette qualité sur la tête de chacun des successibles, celui d'entre eux contre lequel l'action en partage est intentée peut, tant qu'il n'a pas accepté, la repousser, soit d'une manière provisoire par l'exception dilatoire s'il se trouve encore un délai utile pour délibérer et faire inventaire (art. 797, C. N. et 174, C. proc.), soit, si ce délai est expiré, d'une manière définitive, par la renonciation qui détruit complétement l'effet de la saisine légale (art. 785, C. N.).

Quand l'acceptation a rendu les successibles héritiers d'une manière irrévocable, chacun d'eux peut intenter l'action en partage, et il ne dépend pas de tous les autres de la repousser ou d'en arrêter l'effet, quelque inconvénient que puisse présenter, même dans l'intérêt commun, un partage immédiat, et quelle qu'en soit la difficulté.

Il y a plus : telle est la défaveur avec laquelle la loi voit l'indivision et tant sa cessation prochaine lui paraît chose désirable qu'elle interdit de la prolonger indéfiniment, soit aux cohéritiers

par leur convention, soit au *de cujus* par acte de la ·dernière
volonté. Nul ne peut être contraint de rester dans l'indivision et
le partage peut toujours être provoqué, nonobstant prohibitions
et conventions contraires (art. 815, C. N.). La seule dérogation
que la loi permette.d'apporter à cette règle consiste à autoriser
les cohéritiers à s'obliger à suspendre, au moyen d'une convention
faite entre eux, le partage pendant cinq années au plus (art. 815,
alinéa 2). Cette convention, quant à la forme dans laquelle elle
doit être faite et quant à la capacité des parties, est soumise aux
mêmes règles que le partage lui-même. Elle peut être indéfiniment renouvelée; mais à chaque fois le délai de cinq ans pendant
lequel elle est obligatoire court à partir de sa propre date et non
de l'expiration d'un délai semblable pour lequel l'indivision
avait été précédemment stipulée; il n'en peut être autrement ;
sinon, en faisant suivre chaque convention d'indivision consentie
pour cinq ans, à quelques jours d'intervalle d'une pareille
convention, les cohéritiers arriveraient à s'imposer l'indivision
pour près de dix ans; ce qui serait manifestement contraire au
texte comme à l'esprit de la loi.

Lorsque la convention d'indivision n'en fixe pas le terme, ou
en prolonge la durée au-delà de cinq ans, elle n'est pas nulle,
mais son effet est restreint à cet espace de temps (art. 1660, C. N.)

On s'est demandé si le *de cujus* avait pu valablement, par son
testament, imposer à ses héritiers, en ce qui concerne la quotité disponible de ses biens, l'obligation de rester dans l'indivision pendant cinq ans. Cette question est encore vivement con-
troversée. L'affirmative est enseignée notamment par M. Duranton (Cours de droit français, t. 7, § 80); elle est fondée sur les
motifs suivants : 1° l'ancien droit autorisait une prohibition
semblable de la part du *de cujus*. Si les rédacteurs du Code
civil eussent voulu innover à cet égard, ils se seraient formellement exprimés. 2° Une clause autorisée dans une convention
n'est contraire ni à l'ordre public ni aux lois, et dès lors ne

tombant pas sous l'application de l'art. 900 Code Napoléon, elle peut, à titre de condition, être apposée à une libéralité. 3° Le *de cujus* peut avoir de justes motifs pour le faire, tels que l'intention d'éviter à ses héritiers les frais d'un partage judiciaire en interdisant cette opération jusqu'à la majorité de l'un d'eux. Quelque puissantes que soient ces considérations, elles ne nous paraissent pas de nature à prévaloir contre la disposition textuelle et si raisonnable de la loi elle-même. L'art. 815, al. 1, dit : Le partage peut toujours être provoqué nonobstant conventions et prohibitions contraires ; dans son alinéa 2, cette règle reçoit une exception, mais en ce qui concerne les *conventions seulement*, donc elle reste entière relativement à la prohibition. Cette différence que la loi fait entre les conventions et les prohibitions est d'ailleurs facile à concevoir et bien fondée. En effet, lorsque l'obligation de rester dans l'indivision est l'œuvre des parties elles-mêmes, elle a été souscrite par elles en connaissance de leurs intérêts et de leurs sentiments réciproques, elle est le résultat de leur libre consentement et à ce titre même plus respectable pour elles ; aussi il y a peu à craindre, surtout pendant le court délai de cinq ans les rixes, les contestations que la loi a voulu prévenir en posant le principe de l'art. 815, C. N. Au contraire l'indivision imposée aux cohéritiers même pour cinq ans par le *de cujus* ne présenterait pas les mêmes garanties ; car il était impossible au *de cujus* de connaître exactement les dispositions de ses héritiers et de savoir si elles comportent cette communauté de vues et cette réciprocité de sentiments bienveillants sans lesquelles l'indivision devient une occasion de rixes.

§ 3. — *Extinction de l'action en partage.*

Le mode le plus naturel et le plus ordinaire d'extinction de l'action en partage, c'est le partage lui-même ; à côté de lui la loi en place un autre : c'est la prescription, dont il va être présentement question.

La prescription éteint l'action en partage lorsqu'elle porte soit sur le droit d'accepter la succession, soit sur la pétition d'hérédité, soit enfin sur l'action en partage elle-même. Dans les deux premiers cas elle ne produit cette extinction que comme une conséquence de la perte du droit héréditaire lui-même, et elle embrasse la totalité de la succession ; dans le dernier cas, l'extinction de l'action en partage s'opère directement et a lieu tantôt quant à la totalité de la succession, tantôt quant à quelqu'un des objets qui la composent seulement. C'est en vue de cette dernière hypothèse que l'art. 816 C. N., statue *que le partage ne peut être demandé s'il n'y a eu possession suffisante pour acquérir la prescription.* Or ceci arrive lorsque l'indivision, quoique subsistant en droit parce que les cohéritiers se sont respectivement reconnu cette qualité, a cessé de fait par suite de la possession exclusive de la part de quelques-uns ou de l'un des cohéritiers pendant le temps voulu pour la prescription. Trois hypothèses peuvent se présenter :

1° Un ou quelques-uns des héritiers ont possédé exclusivement la succession entière;

2° Ils n'ont possédé qu'une partie aliquote de la succession ou quelques objets individuellement déterminés;

3° Chacun des héritiers a possédé exclusivement une partie aliquote de la succession.

Dans la première et la dernière hypothèse, la prescription éteint complétement l'action en partage; dans la deuxième, au contraire, elle l'éteint seulement à l'égard de tous les cohéritiers quant à la partie de la succession qui a été prescrite par l'un d'entre eux, et à l'égard de ce dernier quant au reste de la succession, en sorte qu'il ne pourrait demander une plus forte part que celle dont il a joui, et réclamer sa part dans le reste de la succession. S'il faisait cette demande, dit Chabot (art. 816, n° 3), par là même il conviendrait qu'il n'y a pas eu de partage et serait tenu par conséquent de rapporter, pour faire le partage, tous

les biens dont il aurait joui séparément même pendant plus de trente
ans. Cette opinion, dont le résultat paraît plus conforme à l'é-
quité, nous semble inadmissible, car elle confond l'acquisition
par un héritier au moyen de la prescription des droits de ses cohéritiers sur certains objets héréditaires et la conservation de ses
propres droits sur le reste de la succession, et prétend que les
deux faits s'excluent mutuellement; or ils sont complétement
distincts et rien ne s'oppose à ce que l'un et l'autre existent simultanément et produisent leurs conséquences différentes. Telle
est l'opinion de Zachariæ (§ 622, note 12) qui enseigne en conséquence que l'héritier qui a soustrait à l'indivision des objets ou
une partie aliquote de la succession n'en conserve pas moins le
droit d'obtenir en outre sa part indivise dans le reste de la succession.

Dans tous ces cas la prescription dont il est question est une
prescription libératoire; et en effet une autre opinion conduirait
à dire qu'elle ne s'applique pas aux meubles incorporels qui ne
peuvent s'acquérir par usucapion. Or un tel résultat est contraire
à l'art. 816, d'après lequel la prescription a lieu pour tous les
biens héréditaires indistinctement.

La prescription commence à courir du jour de la prise de
possession ou du jour de l'interversion de titre, lorsque celui
entre les mains duquel l'hérédité ou partie se trouvait en était
détenteur à titre précaire (art. 2238, C. N.)

Le délai nécessaire pour la prescription est celui de trente ans
(art. 2262, Code Nap.). Cette opinion a été combattue par Maleville (art. 816, Code Nap.). Il pense que, conformément à l'ancienne jurisprudence non formellement abrogée par le Code civil,
l'action en partage est prescrite par dix ans dans le cas où chacun des cohéritiers a joui divisément d'une portion de biens
apparemment égale; mais cette opinion est rejetée par tous les
auteurs, car la prescription de dix ans en notre droit actuel suppose un juste titre; or, dans l'espèce il n'y en a pas eu. On ne
peut dire qu'en matière de partage il y a lieu à faire une excep-

lion à ces principes, on se fondant sur l'ancienne jurisprudence, car, pour justifier cette exception, il faudrait un texte quelconque, et il n'en existe pas.

CHAPITRE II.

DES CHOSES AUXQUELLES L'ACTION EN PARTAGE S'APPLIQUE.

L'action en partage embrasse tous les objets compris dans la succession indivise; l'impossibilité de faire le partage en nature n'est point un obstacle à son exercice, car la loi fournit deux moyens d'y remédier, à savoir la licitation (art. 827, C. N.) et les soultes ou retour des lots (art. 833, C. N.). Telle est la règle générale; mais il est des objets héréditaires auxquels l'action en partage ne peut, par la force même des choses, s'appliquer ; ce sont : 1° les choses indivisibles; 2° les choses que la loi elle-même divise de plein droit entre les cohéritiers.

§ 1er.—*Choses indivisibles.*

Il faut entendre par là certaines choses que leur nature même condamne à rester dans l'indivision, parce que le partage ou la licitation qu'on en ferait auraient pour résultat de les rendre inhabiles à remplir leur destination. Tels sont les murs mitoyens, les allées ou vestibules, les escaliers communs à plusieurs maisons ou à divers étages d'une même maison si les maisons ou les divers étages d'une même maison n'ont pas d'ailleurs d'autres issues, etc.

§ 2.—*Choses que la loi elle-même divise de plein droit.*

L'action en partage qui a pour objet de faire cesser l'indivision ne peut s'appliquer aux choses qui, au moment où elle est exercée, ont cessé d'être indivises. Or, telles sont les créances héréditaires, que la loi elle-même divise de plein droit entre les cohéritiers, en attribuant, dès le décès du *de cujus*, à chacun de ceux-ci dans chaque créance, une part correspondante à la portion héréditaire dont il est saisi (art. 1220, C. Nap.)

Cependant, si les créances héréditaires ne sont pas essentiellement comprises dans le partage, pour faciliter cette opération, la loi (art. 832, C. N.) recommande de les y faire entrer et permet, au lieu de s'en tenir à la division légale, d'attribuer telle ou telle créance pour le tout à un seul héritier. Mais cette clause, quoique insérée dans un partage, ne participe pas au caractère de cet acte; car chaque héritier ayant eu, dès l'ouverture de la succession, une part déterminée de chaque créance, l'acte par suite duquel sa part est ultérieurement transférée à l'un de ses cohéritiers ne peut être assimilé à un partage qui suppose un droit indéterminé et portant indistinctement sur toutes les parties de la chose qui en est l'objet; par sa nature même, que son insertion dans un partage ne peut changer, cet acte est une cession; d'où il résulte que le cohéritier à qui, par l'effet du partage, une créance héréditaire a été attribuée pour le tout, doit, pour être saisi à l'égard des tiers de ce qui excède sa portion héréditaire, accomplir les conditions prescrites par l'article 1690, C. Nap.

La jurisprudence n'admet pas ce système; par deux arrêts des 24 janvier 1837 et 20 décembre 1848, la cour de cassation a déclaré que la clause du partage qui réglait entre les héritiers la répartition des créances héréditaires était un partage véritable; d'où il résulte que l'héritier était immédiatement saisi même à l'égard des tiers de la totalité de la créance qui lui était attribuée. Ces arrêts sont fondés sur les motifs suivants : l'article 883 du Code Napoléon, qui détermine les effets du partage, dispose relativement à tous *les effets* compris dans le lot de chaque héritier; or, chaque lot doit autant que possible comprendre des créances aux termes de l'article 832 du Code Napoléon. Il suit donc de la

combinaison des deux articles précités que la clause du partage
relative aux créances est assimilée aux clauses relatives aux
autres choses héréditaires et par conséquent a le même caractère.

Le point de départ de cette doctrine, c'est l'article 883 du Code
Napoléon ; or cet article, qui règle les effets d'un partage consommé, ne peut évidemment s'appliquer qu'aux choses indivises
au moment où il a eu lieu ; et c'est elles seulement qu'il désigne
dans ces termes tous *les effets*, et non les autres, telles que les
créances divisées de plein droit (art. 1220.) On ne peut opposer
l'article 832, qui, pour faciliter les opérations du partage, recommande d'y comprendre les créances héréditaires sans rien
décider sur le caractère de la clause qui réalise ce vœu de la loi.

CHAPITRE III.

EFFETS DU PARTAGE.

§ 1er.—*Effet déclaratif du partage.*

I. Le principal effet du partage est de substituer la propriété
exclusive d'un seul héritier à la copropriété de tous, au moyen de
l'abandon que ceux-ci font à l'un d'entre eux de leurs droits
indivis soit sur la masse soit seulement sur quelques objets de
la succession. Le droit romain, s'en tenant à la réalité des choses,
avait vu dans un tel résultat une aliénation, et, par suite,
avait considéré le partage comme un acte attributif de propriété.
Cette théorie était éminemment favorable aux tiers qui contrac-
taient avec les héritiers pendant l'indivision ; car, si l'on regar-
dait le partage comme un acte attributif, c'était parce que l'on
considérait chaque héritier comme propriétaire définitif depuis
l'ouverture de la succession de sa part indivise de chacun des
objets qui la composaient, et comme ayant pu, quant à celle-ci,
conférer aux tiers avec lesquels ils traitaient des droits réels irré-

vocables et à l'existence desquels il ne pouvait lui-même porter atteinte par une aliénation ultérieure telle qu'un partage; car nul ne peut transférer à autrui plus de droit qu'il n'en a lui-même. Au contraire, au point de vue des rapports des cohéritiers entre eux, cette théorie présentait de grands inconvénients; elle exposait les cohéritiers de celui qui avait aliéné sa part indivise dans les objets de la succession à perdre les sommes dont celui-ci pouvait leur être redevable à titre de rapport ou autrement; car au lieu d'un droit de prélèvement sur sa part indivise dans la succession, ils n'avaient plus contre lui qu'une simple action personnelle, inutile s'il était insolvable; elle rendait plus difficiles et plus compliquées les opérations du partage, en obligeant à prendre en considération dans l'estimation des biens et la composition des lots, les droits réels qui, concédés ultérieurement par les héritiers, devaient subsister et diminuer ainsi la valeur de ces biens; enfin, lorsque les droits réels concédés ultérieurement étaient ignorés, ou non pris en considération, au moment du partage, leur exercice ultérieur de la part de l'ayant-droit donnait lieu à des recours en garantie entre cohéritiers et aux contestations qui s'ensuivent.

Ces considérations devaient amener notre ancien droit, où l'intérêt de la famille était prédominant, à modifier le caractère du partage; elles ne furent point pourtant la cause première d'un tel changement, mais elles contribuèrent à son maintien et à son développement. La révolution opérée dans le caractère du partage eut comme plusieurs autres, son point de départ dans le droit féodal, et fut faite dans la vue de soustraire les partages aux exigences de la fiscalité féodale. Son histoire a été écrite par M. Championnière, dans deux articles insérés aux tomes 7 et 8 de la *Revue de législation et de jurisprudence*, auxquels nous ne pouvons mieux faire que de renvoyer.

Les rédacteurs du Code civil eurent à choisir entre le système du droit romain, favorable au crédit, et celui de notre ancienne jurisprudence, qui se préoccupait surtout des intérêts de la fa-

mille. Ils trouvèrent déjà introduit dans la législation nouvelle,
par la loi du 22 frimaire an VII, relative aux droits d'enregis-
trement, le principe que le partage est simplement déclaratif, et
ils le consacrèrent de nouveau dans l'art. 883. Du reste, il n'y
eut pas à cet égard la moindre hésitation ; nul ne songea au système
romain, tant la supériorité du système français paraissait alors
incontestable. Sous l'empire des mêmes idées, dans les temps qui
suivirent immédiatement la promulgation du Code civil, la doctrine
et la jurisprudence donnèrent au principe contenu en l'art. 883,
C. N., une grande extension, et l'appliquèrent à la solution
de questions pour laquelle il est aujourd'hui répudié. M. Championnière, dans le premier des articles que nous avons déjà cités,
décrit ces variations de la doctrine et de la jurisprudence dans
les termes suivants : « Le caractère purement déclaratif attribué
« au partage semble le juste complément du droit de succéder :
« c'est une faveur dictée par la nécessité inhérente à toute héré-
« dité de naître indivise ; c'est une sauvegarde due à l'héritier
« prudent, contre les opérations aventureuses d'un parent am-
« bitieux, qui livre la chose commune aux chances des entre-
« prises et du commerce. A une époque où la fortune et la paix
« des familles semblaient au législateur le plus digne objet de sa
« sollicitude, de tels effets ont dû suffire pour donner au système
« déclaratif la préférence sur le caractère translatif admis par
« la loi romaine. Mais aujourd'hui l'intérêt de la famille n'est,
« comme la famille elle-même, qu'une considération surannée
« et qui sent son vieux temps ; celui des tiers prévaut... La ju-
« risprudence, réfléchissant la pensée dominante, ébranle inces-
« samment le principe que l'art. 883 du Code civil semblait avoir
« mis à l'abri de sa mobilité. Ce principe sera peut-être bientôt inu-
« tilement écrit dans la loi ; le texte du moins sera modifié dans
« son interprétation ; la volonté du législateur, quelque précise
« qu'elle soit, ne saurait longtemps lutter contre le pouvoir de
« l'esprit public, dont les tribunaux et la jurisprudence ne sont
« qu'un organe. »

Avant d'entrer dans l'examen de l'art. 883, C.N., il est utile de rechercher le caractère de la disposition qu'il contient. Zachariæ (§ 625, note 1) la considère comme une conséquence rigoureuse du droit de copropriété, qui, d'un côté, dit-il, existe tant que dure l'indivision *in toto et in qualibet parte hæreditatis communis*, et qui, de l'autre, a toujours été soumis à la condition résolutoire de la cessation de l'indivision (art. 815 et 1183, C. N.). La plupart des auteurs ne voient dans la disposition de l'art. 883, C. N., qu'une fiction; cette opinion fondée sur la réalité même est plus exacte; en effet, lors de l'ouverture de la succession, les cohéritiers acquièrent simultanément des droits sur tous et chacun des objets qui la composent; le concours de ces divers droits ne change pas leur nature, ce sont des droits de propriété; ni le caractère de l'acte par lequel un héritier acquérant les droits de ses cohéritiers devient propriétaire exclusif d'une chose héréditaire, c'est un acte d'aliénation, puisqu'il a pour effet d'attribuer à cet héritier la totalité d'une chose dans laquelle il n'avait auparavant qu'une partie. Il résulte de là que l'art. 883 n'est qu'une fiction, et c'est aussi sous cette forme qu'il est présenté par la loi : *chaque héritier est censé*, y est-il-dit.

Par cela même que la disposition de l'art. 883 n'est qu'une fiction, l'application en doit être restreinte aux cas spéciaux en vue desquels elle a été établie. M. Ducaurroy (Code civil, tit. 2, nº 779) les indique en ces termes : « Si le partage et la licitation « sont déclaratifs et non attributifs de propriété, c'est en tant « qu'il s'agit d'empêcher les droits de mutation que le fils aurait « à percevoir et pour que les droits réels constitués pendant « l'indivision par l'un des copartageants soient limités aux seuls « biens qui formeront plus tard son lot. A tous autres égards la « fiction cesse d'être applicable; le partage et la licitation re- « prennent leur véritable caractère; ils sont attributifs de pro- « priété. »

Nous diviserons ce que nous avons à dire sur l'art. 883, en

deux parties, l'une relative aux actes auxquels il s'applique, l'autre aux conséquences qu'il en faut déduire.

PARTIE Ire.— *A quels actes s'applique le principe contenu dans l'art. 883, C. N.*

Il est question, dans l'art. 883, C. N., du partage et de la licitation ; en ce qui concerne le partage, la disposition doit recevoir son application d'une manière absolue et sans aucune exception, c'est-à-dire en toutes espèces de partages amiables ou judiciaires, provisionnels ou définitifs, purs et simples ou faits avec soulte et retour, car la loi ne fait aucune distinction ; quant à la licitation, l'art. 883, C. N., ne peut s'y appliquer qu'autant que l'adjudication est prononcée au profit d'un des cohéritiers; le texte de l'article lui-même l'indique : *chaque héritier est censé avoir succédé seul,* dit-il; et son esprit confirme cette décision, car la fiction qu'il contient, à savoir que l'adjudicataire doit être censé tenir l'objet à lui échu en licitation du défunt lui-même, ne peut évidemment être invoquée que par un héritier et non par un étranger. En dehors du partage et de la licitation qu'il désigne formellement, l'art. 883, C. N., s'applique également à tout acte qui a le même objet, c'est-à-dire celui de faire cesser l'indivision, pourvu toutefois qu'il soit à titre onéreux. Cette restriction est facile à justifier ; on ne peut en effet assimiler à un partage, acte essentiellement à titre onéreux et donnant lieu soit à l'obligation de garantie soit à la rescision pour lésion, un acte à titre gratuit dont la nature repousse ces diverses conséquences et s'oppose ainsi à cette assimilation. Quant aux actes à titre onéreux qui comme le partage font cesser l'indivision, l'assimilation est une conséquence de cette règle que pour déterminer les effets d'un acte il faut plutôt considérer son objet réel que la qualification qu'il porte, et elle résulte implicitement : 1° de l'art. 883, C. N., lui-même, qui la fait en ce qui concerne la licitation qu'aucune raison ne donne lieu de distinguer des autres actes à titre onéreux; 2° de l'art. 819, C. N., qui montre que la loi ne fait aucune différence entre les divers actes susceptibles de faire cesser l'indivision; 3° de l'art. 888, C. N., qui fait textuellement cette assimilation pour une hypothèse tenant, comme celle qui nous occupe, à la nature particulière du partage; 4° enfin, de l'ancienne jurisprudence, dans laquelle cette assimilation était constante.

Pour déterminer à quels actes il faut appliquer l'art. 883, C. N., nous venons de nous placer au point de vue de leur forme; il nous reste, en nous mettant à un autre point de vue, à rechercher quelle peut être à cet égard l'influence de l'étendue plus ou moins grande de leurs effets, en d'autres termes, si l'art. 883, C. N., s'applique au partage ou à tout autre acte passé entre cohéritiers, soit qu'ils fassent cesser l'indivision d'une manière absolue, soit qu'ils ne produisent ce résultat que d'une manière relative. L'indivision ne cesse que d'une manière relative d'une double façon : 1° si le partage ou l'acte qui en tient lieu n'embrasse pas la totalité des objets héréditaires; pour ce cas, il n'y a nulle difficulté, nulle controverse; la quantité des choses qui en sont l'objet ne peut influer sur le caractère de l'acte, c'est un partage auquel l'art. 883, C. N., doit s'appliquer; 2° si le partage ou l'acte qui en tient lieu ne fait cesser l'indivision qu'à l'égard de quelques héritiers seulement; c'est ce qui a lieu, par exemple, lorsqu'un bien de la succession est, sur licitation, adjugé à plusieurs héritiers; lorsqu'un héritier vend ses droits successifs à plusieurs de ses cohéritiers, etc.; dans ces diverses hypothèses, quelques auteurs, Zachariæ, § 625, n° 8; Duranton, t. VII, n° 522 *bis*, et la jurisprudence constante depuis longtemps de la cour de cassation (arrêt de cassation du 9 janvier 1841; Sirey, 1841, 1, 375), prétendent que l'art. 883, C. N., ne doit pas être appliqué, et que l'acte dont il s'agit est une aliénation; cette doctrine est fondée sur les arguments suivants : 1° l'art. 883, C. N., contient deux dispositions entre lesquelles il existe une connexité

intime; si chaque cohéritier est censé n'avoir jamais été propriétaire des objets héréditaires compris dans le lot de son cohéritier, c'est parce que celui-ci est réputé en avoir été propriétaire exclusif dès l'ouverture de la succession ; la réunion de ces
deux conditions constitue la règle contenue dans l'art. 883, C. N. ;
or, la dernière évidemment ne se rencontre pas dans l'acte
qui, faisant cesser l'indivision à l'égard de quelques héritiers, la
laisse subsister entre plusieurs autres ; 2° il résulte des termes et
même de l'esprit dans lesquels l'art. 883 a été rédigé qu'il ne
s'applique qu'à l'acte qui fait cesser l'indivision entre tous les
cohéritiers. Dans un arrêt récent du 2 avril 1851 (Sirey, 1851,
1, 337), la cour de cassation a modifié sa jurisprudence et dans
un considérant admet implicitement l'application de l'art. 883,
C. N., à l'acte qui fait cesser l'indivision, même à l'égard de
quelques héritiers seulement, pourvu que ce soit un partage réel,
et elle semble vouloir désigner par là tout acte passé entre cohéritiers autre qu'une vente de droits successifs. Nous n'adopterons pas cette doctrine même enfermée dans ces limites, et voici
pour quels motifs : 1° la loi considère comme un partage tout
acte qui fait cesser l'indivision entre cohéritiers (art. 883 et 888,
C. N.), et non pas entre tous les héritiers, ainsi que le prétend le
système opposé ; 2° il résulte de l'art. 889, C. N., que la loi,
quand il s'agit de déterminer les effets de l'acte qui fait cesser
l'indivision entre cohéritiers, ne distingue pas s'il a produit ce
résultat à l'égard de tous les héritiers ou de quelques-uns seulement ; 3° dans cette dernière hypothèse la cessation absolue de
l'indivision sera obtenue par une série d'actes successifs. Or, si
tous ces actes réunis produisent le même résultat qu'un seul
acte qui aurait immédiatement fait cesser l'indivision à l'égard
de tous les cohéritiers, tous réunis, et par suite chacun d'eux,
ne peuvent avoir un caractère différent de celui-ci. Il est simplement déclaratif, ils doivent l'être aussi (*sic* Duvergier, *Vente*,
nos 144 et 149).

PARTIE IIe. — *Conséquences de la fiction contenue en l'article 883, C. N.*

L'art. 883 contient deux fictions différentes dont chacune produit des conséquences particulières. La première est ainsi conçue : « Chaque héritier est censé avoir succédé seul et immédia-« tement à tous les effets compris dans son lot ou à lui échus « sur licitation. »

Il résulte de là que si pendant l'indivision un héritier aliène, au profit des tiers, des objets de la succession ou concède sur eux des droits réels, le partage ou tout autre acte passé avec les cohéritiers, qui lui procure la propriété de ces objets, rend irrévocable l'aliénation ou la concession de droits réels qu'il avait déjà faite. Ce résultat se produirait si l'héritier avait, antérieurement au partage, donné, vendu, échangé, hypothéqué, soumis à un droit d'usufruit ou d'usage, grevé d'une servitude, en totalité ou jusqu'à concurrence de sa part indivise, un objet héréditaire qui est devenu sien. Il faut pourtant remarquer que l'aliénation ou les droits réels ne subsisteront que dans les limites où ils auront été consentis. C'est pourquoi si un immeuble avait été aliéné ou hypothéqué par un héritier jusqu'à concurrence de sa part héréditaire, quoique par l'effet ultérieur du partage celui-ci en devînt propriétaire pour le tout, l'acquéreur ne pourrait prétendre que l'immeuble lui appartient en entier, et le créancier hypothécaire qu'il est grevé de son hypothèque. Nul, en effet, ne peut avoir plus de droit qu'il ne lui en a été concédé au moment où il a contracté.

La deuxième fiction contenue dans l'art. 883 est ainsi conçu : *Chaque héritier est censé n'avoir jamais eu la propriété des autres effets de la succession* (non compris dans son lot ou qui ne lui sont pas échus par licitation.)

Il résulte de là que chaque objet de la succession arrive dans les mains de l'héritier dans le lot duquel il tombe, libre des alié-

nations et charges consenties antérieurement par les autres héritiers, même jusqu'à concurrence de leurs portions héréditaires ;
sauf pourtant, au profit des tiers, le bénéfice de la prescription.

M. Ferry, dans un article inséré à la Thémis, t. 8, p. 49, a
soutenu que la fiction de l'art. 883 ne pouvait être invoquée relativement aux aliénations ; son argumentation consiste à dire :
1° l'art. 883 règle les effets du partage et par conséquent s'applique à un partage consommé ; il ne peut donc être invoqué que
relativement aux choses qui étaient indivises entre les cohéritiers
au moment où il a lieu ; or, par l'aliénation de sa part indivise,
l'héritier aliénateur avait antérieurement fait cesser l'indivision
entre lui et ses cohéritiers, quant à cet objet, puisqu'il avait
transféré son droit de copropriété à un tiers ; dès lors cet objet
n'avait pu être compris dans le partage entre les cohéritiers ;
2° la fiction que le partage est déclaratif a été introduite pour
remplacer la règle du droit romain, d'après lequel cet acte est
attributif de propriété ; elle doit donc être circonscrite dans
les limites même où s'appliquait cet ancien principe aux inconvénients duquel elle a pour objet de parer. Or, si dans l'espèce
proposée le droit romain considérait l'aliénation comme irrévocable, ce n'était pas parce que le partage était attributif ; car l'objet
aliéné ne pouvait être compris dans le partage de la succession
entre l'aliénateur et ses cohéritiers (loi 54, au Digeste, *fam. erciscundæ*), d'où il résulte que le caractère de cet acte était sans
influence sur l'aliénation.

Cette opinion n'a pas trouvé de partisans ; elle a d'abord cet
inconvénient, d'introduire dans l'art. 883, C. N., une distinction
qui ne s'y trouve pas. En outre elle repose sur une pétition de
principe ; elle part de ce point, comme acquis, à savoir que l'aliénation est valable et que le tiers est devenu propriétaire irrévocable ; or c'est là précisément le point à prouver. Enfin, si elle
était exacte, comme il n'y a aucune raison de distinguer entre
l'aliénation complète et les concessions de droits réels, usufruit,
servitude, on arriverait à rendre l'art. 883 presque inutile.

Nous avons précédemment examiné le caractère de la clause
d'un partage qui attribue à un héritier la totalité d'une créance
héréditaire; comme nous l'avons dit alors, la jurisprudence y
voit un *partage*, et par suite elle lui applique l'art. 883, C. N.;
elle a déjà tiré de cette application les deux conséquences suivantes :
1° Les saisies-arrêts formées avant le partage par les créanciers per-
sonnels de l'un des héritiers à l'égard de sa portion dans une
créance héréditaire sont subordonnées, quant à leur validité, à
l'événement du partage et restent sans effet, si par suite de
cet acte la créance saisie passe en entier dans le lot d'un autre
héritier (arrêt de cassation du 24 janvier 1837; Sirey, 1837,
n° 106-2°). La mainlevée de l'hypothèque qui garantit une
créance héréditaire consentie avant le partage par quelques-uns
des héritiers, ne peut être opposée aux autres, dans le lot desquels la créance tombe ultérieurement pour le tout (arrêt de
cassation du 20 décembre 1848; Sirey, 1840-179).

Zachariæ, § 625, voulant concilier les articles 832 et 220
du Code Napoléon et faire produire à l'un et à l'autre un effet
complet, enseigne : 1° d'une part, que tous les actes faits
par chaque héritier, relativement à sa portion héréditaire dans
une créance, sont irrévocables, pourvu qu'au moment du partage
le tiers ait accompli toutes les formalités nécessaires pour être
saisi; c'est-à-dire, s'il s'agit d'une cession, qu'il l'ait fait signi-
fier aux cohéritiers de son cédant; s'il s'agit d'une saisie-arrêt,
qu'il l'ait fait valider par un jugement, etc.; 2° d'autre part, que
la clause d'un partage qui attribue à un héritier la totalité d'une
créance héréditaire est un véritable partage, d'où il suit que le
cessionnaire est immédiatement saisi même à l'égard des tiers
sans avoir à remplir les formalités prescrites par l'art. 1690 du
Code Napoléon, et que les tiers ne conservent les droits qui
leur avaient été cédés sur cette créance qu'autant qu'ils les avaient
irrévocablement acquis auparavant.

Ce système repose sur les mêmes motifs que celui de la jurisprudence; les observations que nous avons faites relativement

à ce dernier s'y appliquent. Dans le système que nous avons adopté, la clause relative aux créances héréditaires n'étant qu'une cession ordinaire, ne peut être opposée aux tiers que du jour où les formalités prescrites par l'article 1690 du Code Napoléon ont été accomplies par l'héritier cessionnaire.

§ 2. — *Obligation de garantie.*

Le partage est un acte d'une nature particulière ; il n'est pas, comme la plupart des autres, fait dans un but de spéculation ; il a principalement pour objet de régler des droits préexistants et non pas d'en faire acquérir de nouveaux ; le plus souvent il a lieu entre cohéritiers, c'est-à-dire entre des personnes qui, à raison des liens qui les unissent, ne doivent pas être censées songer dans leurs relations à des idées de gain Ainsi, soit que l'on considère l'intention des parties, soit que l'on considère leur qualité, le résultat que le partage doit avant tout produire, c'est de procurer exactement à chacun des cohéritiers sa part dans la succession indivise ; c'est, en d'autres termes, l'égalité dans les lots. Nous avons précédemment indiqué les moyens par lesquels la loi cherche à l'obtenir ; il se peut faire que néanmoins elle n'ait pas été réalisée ; ceci a lieu dans deux cas : 1° si on comprend dans le partage et met dans un lot un objet ne faisant pas partie de la succession ou grevé au profit d'un tiers d'un droit réel ; 2° si la valeur réelle des objets qui composent le lot d'un héritier est comparativement à la masse de la succession inférieure à la fraction qu'elle est censée en représenter. Dans l'un et l'autre cas, l'égalité entre les lots n'existe qu'en apparence, et la loi, qui y attache une grande importance, a dû fournir les moyens de la rétablir : tel est l'objet de l'obligation de garantie pour la première hypothèse, et de l'action en rescision pour lésion pour la deuxième hypothèse. Nous allons traiter ici de l'obligation de garantie.

OBLIGATION DE GARANTIE.

L'obligation que la loi impose aux cohéritiers de se garantir réciproquement leurs lots est le second effet du partage. D'après une théorie empruntée à Pothier (Vente, n° 632), on la fait généralement découler du caractère déclaratif qu'a cet acte en notre droit. Au contraire, suivant M. Ducaurroy (Code civil, tome 2, n° 791), elle tient à ce que le partage est en réalité un échange et la licitation une vente; et en effet, si on considère ces actes autrement que comme translatifs, il est impossible d'expliquer l'obligation de garantie qui en résulte, car il ne peut être question de garantie entre personnes qui ne se sont rien cédé, qui ne tiennent rien l'une de l'autre.

La garantie des lots entre cohéritiers existe en toutes espèces de partages, amiable ou judiciaire, provisionnel ou définitif, et même dans les actes qui ont le même objet sous une autre forme; elle s'étend à toutes les choses, meubles ou immeubles, comprises dans chaque lot; elle a lieu toutefois qu'un héritier éprouve une éviction d'un des objets qui lui sont échus ou est troublé dans sa jouissance. Or, en cette matière, les mots *éviction, trouble*, doivent être entendus *sensu lato* et désignent le préjudice quelconque causé à un héritier parce qu'il n'a pas obtenu les objets qui composent son lot dans les mêmes conditions où, d'après les termes du partage, il devait les avoir. Si, par exemple, il est dépossédé de l'un d'eux ou troublé dans la jouissance qu'il en retire, par suite d'une action en revendication ou de l'exercice d'un droit réel de la part d'un tiers; si, même, il a de justes motifs de craindre ces événements; si les immeubles tombés dans son lot n'ont pas exactement la contenance à raison de laquelle ils lui ont été expressément assignés; enfin, si une créance qui lui a été attribuée pour le tout n'a jamais existé, est éteinte ou est inutile, parce que le débiteur en est insolvable; il

49

y a dans tous ces faits autant de causes de garantie. En ce qui concerne les créances, notre dernière proposition peut paraître contredire ce que nous avons dit précédemment, à savoir, que la clause d'un partage qui attribue à l'un des héritiers la totalité d'une créance héréditaire est une véritable cession ; il semblerait devoir résulter de là que la garantie qui en découle se borne, d'après le droit commun (art. 1694, C. N.), à l'existence même de la créance au moment du partage. Cependant nous pensons que la disposition restrictive de l'art. 1694, inspirée au législateur par la défaveur avec laquelle il voit les cessionnaires ordinaires, en général spéculateurs avides, ne doit pas s'appliquer aux copartageants, et qu'entre eux la garantie des créances doit s'étendre même à la solvabilité du débiteur au moment du partage. Cette opinion est fondée : 1° sur l'absence de toute idée de spéculation entre copartageants, c'est-à-dire du motif même de la restriction apportée à la garantie par l'art. 1694 ; 2° sur la nécessité de maintenir l'égalité entre les copartageants ; 3° et enfin, sur la loi elle-même qui, en matière de rentes (art. 886), contient une telle disposition.

L'obligation de garantie entre les cohéritiers a son principe dans le partage, et elle a pour objet de réparer un vice dont il est atteint, c'est-à-dire l'inégalité des lots ; c'est pourquoi elle n'a lieu que pour les troubles et évictions qui procèdent d'une cause antérieure au partage (art. 884, C. N.) ; quant à ceux dont la cause est postérieure, la responsabilité en retombe exclusivement sur l'héritier qui les éprouve.

Lors même que la cause d'éviction est antérieure au partage, la garantie cesse en deux cas (art. 884, C. N.) : 1° c'est lorsque l'espèce d'éviction soufferte a été exceptée par une clause *particulière et expresse* de l'acte de partage. La loi a craint qu'une clause *générale de non-garantie* ne fût consentie trop facilement par les héritiers imprévoyants et ne devînt un moyen de les surprendre pour ceux plus habiles. C'est pourquoi elle exige que les copartageants aient indiqué par une clause *expresse et parti-*

4

culière le fait même qui a causé l'éviction comme ne devant pas donner lieu à garantie. Ainsi, toute clause générale de non-garantie, quoique valable en matière de vente (art. 1627), toute renonciation tacite à la garantie concomitante au partage, resteraient ici sans effet. Il résulte de là que quand même l'héritier eût connu lors du partage la cause de l'éviction qu'il a éprouvée, et eût même pour ce motif reçu l'objet dont il a été évincé pour une valeur inférieure à sa valeur réelle, il n'en aurait pas moins le droit d'exercer contre ses cohéritiers un recours en garantie, si d'ailleurs il n'y *avait expressément renoncé*; dans cette hypothèse, en effet, la difficulté de savoir si l'héritier a réellement connu la cause d'éviction, si la moindre valeur donnée à l'objet dont il a été évincé l'avait été ou pour enlever à celui qui l'aurait dans son lot tout recours en garantie, ou simplement pour compenser l'inquiétude que lui donnerait la possibilité d'éviction; enfin, les procès que la décision de ces questions ferait naître entre cohéritiers : tels sont les motifs qui exigent une clause particulière et expresse de non-garantie. Ils se rencontrent tous et sont tout puissants quand la cause d'éviction est occulte et consiste par exemple en une servitude non apparente ; mais si elle est apparente, ils ne se trouvent plus, et pour faire cesser la garantie il n'y a plus lieu, par conséquent, de demander une clause particulière et expresse de non-garantie. Si par exemple une servitude apparente grevait un immeuble de la succession, l'exercice que l'ayant-droit continue à en faire ne donne pas à l'héritier qui a reçu cet immeuble dans son lot le droit de recourir en garantie contre ses cohéritiers; car la loi attache à l'apparence de la cause d'éviction cette présomption qui n'admet pas la preuve contraire, à savoir que les parties l'ont connue lorsqu'elles ont contracté et en ont tenu compte dans leurs transactions (art. 694-1638, C. N.). En ce qui concerne l'usufruit, l'usage ou l'habitation, etc. , qui grevaient un immeuble de la succession au moment du partage, comme aucun signe extérieur ne révèle leur existence, la loi n'y attache pas la même présomption qu'aux servitudes apparentes; mais s'il était prouvé que ces charges étaient, lors du partage, parfaitement connues des cohéritiers, celui d'entre eux dans le lot duquel l'immeuble grevé serait entré ne pourrait pas pour ce motif prétendre à une indemnité sous le prétexte du défaut d'une clause *particulière et expresse de non-garantie*; car telle est l'importance de ces charges, telle est la diminution de valeur qui en résulte pour l'objet sur lequel elles existent, qu'évidemment il en a été tenu compte dans l'estimation des biens, et qu'il y aurait mauvaise foi de la part de l'héritier à soutenir le contraire (*sic* Duranton, tome 7, n. 536; Zachariæ, § 625, notes 25 et 26).

Cette opinion n'est pas admise par tous les auteurs; l'un d'eux, Chabot (art. 884, n. 2 et 7), ne distingue pas entre les causes apparentes d'éviction et celles occultes, et donne pour les unes et les autres recours en garantie contre ses cohéritiers à l'héritier évincé qui n'y a pas renoncé par une clause expresse de l'acte de partage. D'autres auteurs admettent l'opinion que nous avons embrassée en ce qui concerne les servitudes apparentes, mais ils la modifient en ce qui concerne l'usufruit, et ne refusent à l'héritier dont le lot est grevé par un droit de cette espèce le recours en garantie qu'autant que le rapport des experts, s'il y en a eu, présente l'immeuble avec la déclaration de l'usufruit qui le grève, ou que l'acte de partage témoigne nettement d'un abaissement de prix fondé sur l'existence de cette charge (*sic* Vazeille, art. 884, n. 9.)

Chabot, en assimilant sous le rapport qui nous occupe les causes occultes et celles apparentes d'éviction, rejette une distinction qui résulte de la nature même des choses et de la loi elle-même (art. 694 et 1638). Quant aux autres auteurs, la modification qu'ils proposent d'apporter à notre système relativement à l'usufruit et au droit d'usage ou d'habitation nous paraît sans objet; si les énonciations qu'ils exigent existent dans le partage ou le rapport des experts, il ne peut même être question de garantie entre les cohéritiers; car dans cette hypothèse l'héritier se trouvant avoir reçu, d'après les termes mêmes du partage, un immeuble grevé d'usufruit ou d'un droit d'usage, l'existence de ces charges ne constituerait pas une éviction, puisque l'éviction consiste en ce qu'un héritier a eu en apparence mais non en réalité un lot égal à celui de ses cohéritiers.

2° Lorsqu'un héritier souffre l'éviction par sa faute, le recours en garantie cesse également d'après l'art. 884, C. N. Tel serait, par exemple, le cas où l'héritier aurait négligé d'interrompre à temps une prescription commencée mais non encore accomplie lors du partage, si pourtant il y avait eu entre l'accomplissement de la prescription et le partage un intervalle de temps suffisant pour faire l'interruption ; tel serait encore le cas où l'héritier, lors de l'instance en revendication ou en reconnaissance d'un droit réel ou toutes autres tendant à l'évincer d'un des objets compris dans son lot, aurait négligé de mettre en cause ses cohéritiers qui avaient en leur possession des titres ou un moyen quelconque de repousser la demande dirigée contre lui.

En cas d'éviction, le mode le plus naturel et le plus exact de rétablir l'égalité que cet événement a troublé, ce serait de refaire le partage, mais la rescision de cet acte aurait souvent pour effet d'anéantir des droits légitimement acquis par des tiers de bonne foi, et, en outre, elle entraînerait des frais et des complications considérables ; c'est pourquoi la loi borne les droits de l'héritier évincé à une indemnité purement pécuniaire (art. 885, C. N.). Cependant deux auteurs, Delvincourt (t. II, p. 155) et Vazeille (art. 885, n° 1) pensent que, lorsqu'un héritier a été privé, par suite d'une éviction, de la totalité ou à peu de chose près de son lot, il y aurait injustice à ne lui accorder qu'une indemnité pécuniaire, et que dès lors il pourrait demander un nouveau partage sans que toutefois l'on pût attaquer les actes faits sans fraude avec des tiers. Quelque équitable que serait cette opinion, elle ne doit pas être suivie, car le texte et l'esprit de la loi la repoussent (art. 885, C. N.).

Lorsqu'un héritier éprouve une éviction, le préjudice qui lui est causé tient d'une faute commune à lui et à ses cohéritiers, car c'est par le fait de tous que la chose d'autrui, la créance éteinte ou inutile, ont été comprises dans le partage et sont entrées dans son lot; il résulte de là : 1° que l'héritier évincé doit lui-même supporter pour sa part et portion héréditaire les conséquences de l'éviction, et n'en peut demander la réparation à chacun de ses cohéritiers que dans la limite de la part et portion héréditaire de celui-ci (art. 885, C. N.) ; 2° qu'en cette matière l'obligation de garantie qui, en matière de vente, comprend aussi des dommages et intérêts, ne tend qu'à faire obtenir la valeur de la chose dont il y a eu éviction.

La valeur dont il s'agit est celle existante au moment de l'éviction ; cette décision résulte du texte même de l'art. 885, C. N., aux termes duquel chaque héritier doit indemniser son cohéritier de la perte que lui a causée l'éviction. Cependant il est des auteurs qui sont d'un avis contraire, et, reproduisant une théorie empruntée à Dumoulin et à Pothier, pensent que la valeur que l'héritier évincé doit obtenir par la garantie est celle de la chose au moment du partage; ils se fondent sur ce que, en matière de partage, chaque héritier veut avoir, non pas tel ou tel objet héréditaire, mais un lot de valeur égale à ceux de ses cohéritiers, et est par conséquent satisfait lorsque, par son recours de garantie, il recouvre cette valeur que l'éviction lui avait enlevée (*sic* Delvincourt, t. II, p. 154).

Maleville (art. 885) adopte le système précédent en y ajoutant toutefois que si l'héritier évincé avait fait des améliorations ou réparations à la chose, ses cohéritiers devraient lui en tenir compte; mais, comme le fait remarquer M. Dalloz (ancien Répertoire, v° Successions), l'indemnité pour cet objet n'est pas due par celui qui en profite; c'est le propriétaire qui rembourse les dépenses utiles faites à sa chose (art. 555, Code Nap.).

Vazeille (art. 885, n° 3) présente un système nouveau, d'après lequel il y aurait lieu à faire, lors de l'éviction éprouvée par un héritier, une nouvelle estimation de la valeur relative à cette

époque de tous les lots, et à ne tenir compte dans l'appréciation
de l'indemnité des accroissements pris depuis le partage par le
lot évincé que dans la proportion des accroissements que les autres
lots auraient pris de leur côté. Ce système aboutit en réalité à
faire recommencer le partage chaque fois qu'il y a éviction; en
outre, il fait dépendre le chiffre de l'indemnité due à l'héritier
des changements arrivés postérieurement au partage, soit dans
le reste de son propre lot, soit dans les lots de ses cohéritiers. Or,
de tels résultats sont manifestement contraires au texte comme à
l'esprit de la loi, qui, comme nous l'avons vu précédemment,
n'attache jamais la rescision du partage à l'éviction (art. 884,
Code Nap.) et ne prend en considération dans la détermination
de l'indemnité que la perte causée par *l'éviction* sans se préoc-
cuper du résultat d'autres événements (art. 885, Code Napoléon).

Le choix est en réalité à faire entre les deux premiers systèmes
que nous avons indiqués; comme nous l'avons déjà fait pres-
sentir, nous adopterons le premier, c'est-à-dire celui d'après lequel la garantie doit procurer à l'héritier évincé la valeur de la
chose au moment de l'éviction; outre le texte de la loi (article 885), comme nous l'avons déjà montré, ce système a pour
lui le double avantage : 1° de rétablir plus complétement l'égalité
en faisant profiter l'héritier évincé de l'augmentation de valeur
qu'a prise la chose, de même qu'il en a seul supporté les
chances de perte; 2° d'être d'une pratique très facile, tandis
que le système opposé donnerait naissance à de grands em-
barras à raison de la difficulté qu'il y aurait à apprécier, trente
ans et plus après un partage, la valeur qu'avaient au moment
où il a eu lieu les objets y compris.

L'action en garantie se prescrit par le délai de trente ans, qui
commence à courir du jour de l'éviction (art. 2257 et 2262,
Code Nap.). Dans notre ancien droit la garantie relative aux
créances comprenait celle de l'insolvabilité du débiteur jusqu'au
moment où le paiement devenait exigible, et, en fait de rentes,
comme on considérait les termes d'arrérages comme formant

autant de créances distinctes et successives, la garantie pouvait être perpétuelle; à cet égard, le Code civil a doublement in-
nové : 1° pour toute espèce de créances, la garantie n'a pour objet
la solvabilité du débiteur qu'au moment du partage; 2° en ce qui
concerne les rentes, cette garantie se prescrit par cinq ans (article 886). Cette dernière disposition est tout à fait anormale,
car elle fait courir du jour du partage la prescription de l'action
en garantie, tandis qu'en règle générale elle ne commence à
courir que du jour de l'éviction (art. 2257, Code Nap.); en
outre, il est difficile de s'expliquer pourquoi le délai de la prescription est réduit à cinq ans. On a voulu en donner pour motif
que les arrérages de rentes se prescrivent par ce temps (art. 2277,
Code Nap.); mais si tel eût été le motif véritable, la disposition
eût été étendue aux intérêts des créances exigibles qui se prescrivent aussi par cinq ans.

Une double explication en est généralement acceptée aujour-
d'hui : 1° c'est que ce délai de cinq ans suffit à l'héritier devenu propriétaire de la rente pour connaître l'insolvabilité du
débiteur et agir en garantie contre ses cohéritiers; si pendant
ce temps il ne le fait pas, c'est qu'il n'y a pas lieu ou qu'il y
renonce; 2° c'est qu'après l'expiration de cinq ans depuis le
partage, il est difficile d'apprécier si le débiteur était à cette
époque réellement insolvable.

Du reste, la disposition de l'article 886 Code Nap. étant tout
à fait anormale, doit être littéralement appliquée, d'où il suit
qu'elle doit être appliquée seulement *à la garantie de la solvabilité du débiteur*, et que quant à la garantie de l'existence
même de la rente, elle ne se prescrit, comme pour les créances
exigibles, que par le délai de trente ans à partir du jour de
l'éviction.

CHAPITRE IV.

DE LA RESCISION EN MATIÈRE DE PARTAGE.

La section cinquième du titre du partage (art. 887 à 893, Code Nap.) intitulée de la rescision en matière de partage, n'énumère, parmi les causes de rescision du partage, que des vices du consentement ; il ne faut point induire de là que cette espèce d'acte n'est pas susceptible d'être rescindée pour les autres motifs, vices de fond ou de forme qui, d'après le droit commun, font obstacle à la validité des actes ; en ce qui les concerne elle reste soumise aux règles ordinaires, auxquelles sa nature ne demandait pas de dérogation, c'est pourquoi la loi n'en a pas parlé ; si, au contraire, elle a indiqué spécialement les vices du consentement comme causes de rescision du partage, c'est relativement à la violence et au dol, pour régler leur application en cette matière et prévenir ainsi toutes difficultés ; relativement à la lésion, parce que ce vice qui, d'après le droit commun, n'est pas une cause de rescision des actes, ne le pouvait devenir à l'égard du partage qu'autant que la loi l'exprimerait formellement et déterminerait ses effets.

§ 1er. — *Erreur.*

Outre la violence et le dol, l'art. 1109 Code Nap. indique comme une cause de rescision des conventions, l'erreur ; elle ne se trouve pas mentionnée dans les causes de rescision du partage, mais cette omission n'est pas un oubli ; elle a été commise sciemment par le législateur, qui, considérant que l'erreur, quel qu'en soit l'objet, rentre dans une des autres causes de rescision du partage, ou offre toujours du moins à l'héritier qui en a été victime, un moyen de la réparer, a cru inutile d'en faire une cause directe de rescision du partage.

En matière de partage, l'erreur peut se présenter dans six hypothèses différentes :

1° Elle porte sur l'appréciation de la valeur respective des biens héréditaires; en ce cas elle se confond avec la lésion de plus du quart et devient une cause de rescision du partage, si elle a pour résultat de priver un des héritiers de plus du quart de ce qu'il aurait dû avoir dans son lot (art. 887, C. N.).

2° Un objet héréditaire n'a pas été, par erreur, compris dans le partage; elle donne lieu à un supplément de partage pour l'objet omis (art. 887, C. N).

3° Un héritier n'a pas figuré dans le partage; le premier partage est nul même à l'égard de ceux qui l'ont fait (art. 107, C. N.), et est remplacé, sur la demande de l'héritier omis, par un second qui lui attribue sa portion héréditaire.

4° Un héritier a été admis au partage pour une part inférieure à celle qui lui revenait, il obtient le surplus par les moyens indiqués dans le cas précédent.

5° Enfin on a admis au partage une personne qui n'était pas héritier ou qui ne l'était que pour une portion moindre que celle qui lui a été reconnue; dans l'une et l'autre hypothèse, l'erreur n'a pu conférer des droits héréditaires à celui qui n'en avait pas, c'est pourquoi celui-ci doit restituer aux véritables héritiers ce qu'il a reçu; sur ce point tout le monde est d'accord, mais il n'en n'est pas de même quand il s'agit de déterminer par quelle action cette restitution doit se réaliser ! Est-ce par l'action en revendication quant aux corps certains, et par l'action personnelle en répétition de l'indu quant aux sommes qui auraient été payées en vertu du partage; l'une et l'autre de ces actions se prescrivent par trente ans (art. 2262, C.N.), et aboutissent simplement à un supplément de partage (art. 887, al. 2). Ou au contraire est-ce par une action en rescision fondée sur l'erreur elle-même, elle se prescrit par dix ans (art. 1304, C. N.), et entraîne la nécessité d'un nouveau partage pour remplacer le premier qu'elle a pour effet d'anéantir.

L'une et l'autre opinion ont été soutenues ; ceux qui adoptent la première disent : le partage est un acte purement déclaratif (art. 883) ; il suppose un titre antérieur de propriété, et ne le crée pas ; il résulte de là que le partage auquel un tiers a été admis par erreur n'a pu lui conférer la propriété des choses héréditaires qui lui ont été livrées à titre de lot et que par conséquent il ne fait pas obstacle à l'exercice de l'action en revendication de la part des propriétaires, c'est-à-dire des véritables héritiers du de cujus (sic Zachariæ, § 626, note 4 ; Duranton, p. 7, n° 555).

Ceux qui admettent le deuxième système assimilent le partage aux autres conventions, et en conséquence ne donnent à l'héritier victime de l'erreur d'autre moyen de réparer le préjudice qu'elle lui cause, que l'action en nullité (Vazeille, sur l'art. 887, n° 1). Un auteur, Marcadé (sur l'art. 887), admet le premier système quand l'erreur a consisté à admettre au partage un étranger, et s'en tient au deuxième quand l'erreur a consisté à comprendre au partage un héritier pour une fraction héréditaire plus forte que celle qui lui appartenait.

Le deuxième système nous paraît inadmissible : 1° il ne tient pas compte du caractère déclaratif du partage et le considère à tort comme pouvant servir de titre de propriété et par suite pouvant faire obstacle à l'action en revendication de la part du véritable propriétaire ; 2° il fait agir l'erreur comme une cause directe de rescision du partage, tandis que, comme nous l'avons vu précédemment, comme le prouve le silence de la loi à son égard dans l'art. 887, C. N., ce vice du consentement n'est pas par lui-même susceptible de faire rescinder un partage, mais ne produit ce résultat qu'indirectement et à un autre titre.

Dans les trois dernières hypothèses que nous venons d'indiquer, c'est-à-dire lorsqu'un tiers a été par erreur considéré comme héritier et admis au partage de la succession, lorsqu'un héritier a été compris au partage pour une quotité héréditaire, supérieure ou infé-

rieure à celle qui lui revenait, Chabot (sur l'art. 887, n° 2) est
d'avis que l'erreur ne peut être réparée qu'autant que l'héritier
qui en a été victime éprouve un préjudice équivalent à une lésion
de plus du quart. Cette opinion est généralement rejetée ; elle
confond avec le vice résultant de l'erreur, le vice résultant de la
lésion, qui a lieu seulement lorsque l'erreur porte sur l'éva-
luation des biens héréditaires et non pas sur les droits des copartageants dont il est ici question.

Dans tous les cas, il n'y a pas lieu de distinguer l'erreur de fait
et l'erreur de droit ; l'une et l'autre produisent le même résultat
(art. 1109, C. N.)

§ 2. — *Dol et violence.*

Après avoir examiné l'effet de l'erreur en matière de partage,
il nous reste à examiner le dol ou la violence.

Le dol et la violence entraînent toujours la rescision du partage ;
en ce qui concerne la violence, ce n'est qu'une application des
règles ordinaires ; quant au dol, il en est autrement, ce vice
n'agit ordinairement qu'à l'égard des personnes entre lesquelles
il a eu lieu et n'est une cause de rescision des actes qu'au détriment de la partie qui l'a commis (art. 1116). En matière de partage, généralement on le considère comme une cause absolue de
rescision, c'est-à-dire, à l'égard de tous les héritiers, lors même
qu'il est le fait soit d'un tiers, soit de quelques-uns des héritiers
seulement. C'est en effet sous ce rapport qu'il se montre dans
l'art. 887, C. N., où la loi n'ajoute aucune des circonstances
auxquelles, dans l'art. 1116, C. N., elle subordonne son action.

Un auteur, Chabot (sur l'art. 887, n° 2) professe que le partage n'est rescindable pour dol ou violence qu'autant que le
demandeur en rescision établit à son préjudice une lésion quelque
minime qu'en soit le chiffre ; s'il n'y a pas de lésion, dit-il, on
est sans intérêt à se plaindre, et on ne peut être recevable à former

une demande sans intérêt. Vazeille (sur l'art. 887, n° 7) subordonne également la rescision du partage pour dol ou violence à
l'existence d'une lésion, mais il est d'avis que cette lésion doit
être présumée exister, sauf au défendeur à prouver le contraire.
M. Duranton (tome 7, n° 565), dont l'opinion est généralement
suivie, enseigne que par cela seul que le copartageant demande
la rescision, il doit être supposé avoir intérêt à ce qu'elle soit
prononcée, et que son cohéritier ne doit pas être admis à prouver
le contraire.

Quand un partage est rescindé pour dol ou violence, le jugement
qui prononce la rescision remet les parties, tant entre elles qu'à
l'égard des tiers, dans l'état où elles étaient avant le partage, sauf
pourtant les effets ordinaires de la proscription et de la possession.

Il résulte de là :

1° La succession se trouve encore indivise ; chacun des héritiers peut en demander un nouveau partage.

2° Chacun des cohéritiers rapporte, soit en nature, soit en
moins prenant, ce qu'il avait reçu dans le premier partage.

3° Tous les droits réels que les cohéritiers avaient, depuis le
premier partage, concédés à des tiers sur les objets qui composaient
leurs lots, sont résolus ; et en conséquence tous les biens héréditaires, même ceux aliénés ou grevés d'usufruit, rentrent en nature
et libres dans la masse à partager.

L'action en rescision du partage pour dol ou violence s'éteint
par le délai de dix ans (art. 1308, C. Napoléon) ou par la ratification expresse ou tacite (art. 1338, C. N.), dont l'article 892
C. Napoléon indique une application consistant dans l'aliénation
que l'héritier victime du dol ou de la violence faite de son lot à
une époque où il connaissait le dol et où la violence avait cessé.

§ 3. — Lésion.

Notre droit ne considère la lésion comme cause de rescision

qu'à l'égard de certains actes (art. 1118, C. Nap.) : ce sont la
vente (art. 1674) et le partage dont il est ici question. En matière de partage, la cause de rescision tient, comme nous l'avons
vu précédemment, à la nature même de cet acte, et a pour objet
de rétablir l'égalité dans les lots quand elle n'a pas été observée.
Cependant toute lésion ne rend pas rescindable le partage où elle
existe; il est impossible d'établir entre les lots une égalité absolue, car les moyens d'appréciation ne permettent pas toujours de
déterminer d'une manière exacte la valeur relative des biens ;
si la moindre lésion eût donné lieu à l'action en rescision, il n'y
eût pas eu de partage qui n'eût été attaqué, et ainsi se seraient
élevées des contestations nombreuses entre les cohéritiers. Pour
ces motifs, la loi a subordonné le droit de faire rescinder le partage pour cause de lésion à la condition d'une inégalité entre les
lots, telle qu'il eût été possible de l'éviter, et qu'elle fasse éprou-
ver un préjudice assez considérable pour rendre nécessaire une
réparation. Le droit romain n'avait pas fixé le chiffre de la lésion; d'après une opinion généralement reçue en France dès le
XVIe siècle, il devait s'élever du tiers au quart; l'art. 887, C.
Napoléon, adopte le même chiffre; il faut, dit-il, que l'héritier
établisse à son préjudice une lésion de plus du quart; en
d'autres termes, il faut que l'héritier qui se prétend lésé prouve
que l'ensemble des objets qu'il a reçus dans son lot ne représente
qu'une valeur inférieure d'un quart et en sus d'une quantité
quelque minime qu'elle soit à ce qu'elle aurait dû être pour
qu'il reçût exactement sa part des biens de la succession. Pour
apprécier la lésion, on ne compare pas le lot de celui qui s'en
plaint avec ceux de ses cohéritiers, car ce serait subordonner
l'action en rescision à un fait en lui-même indifférent à l'héritier qui se prétend lésé, c'est-à-dire au fait de savoir si chacun
de ses cohéritiers a reçu plus ou moins qu'il ne lui revenait; ce
qu'il importe à celui-là et ce qu'il a le droit de demander, c'est sa
propre part d'une manière absolue, c'est-à-dire sa part des objets
héréditaires. Aussi, pour déterminer si la demande de celui qui se

prétend lésé est fondée, on examine si, eu égard à la valeur des biens partagés, la valeur de son lot est moindre de plus du quart de ce qu'elle aurait dû être. Il résulte de ce mode de procéder cette double conséquence : 1° que, quoique un héritier ait, comparativement à chacun de ses cohéritiers, reçu un lot supérieur de plus du quart ou même de moitié à ce qui lui revenait, il n'y a pas pourtant lieu à rescision du partage, si aucun de ceux-ci individuellement n'éprouve une lésion de plus du quart ; 2° que celui qui agit en rescision pour lésion doit nécessairement mettre en cause tous ses cohéritiers.

La rescision pour lésion de plus du quart a lieu en toutes espèces de partages provisionnels et définitifs, amiables ou judiciaires; en ce qui concerne ces derniers cette proposition peut paraître extraordinaire, mais elle se justifie par le texte de l'article 887, C. N., qui ne fait aucune distinction, et par cette double considération que l'égalité est aussi nécessaire dans les partages judiciaires que dans les autres, et que si elle n'y était pas protégée par la rescision pour lésion, les incapables à l'égard desquels tout partage est judiciaire verraient tourner à leur détriment une garantie introduite par la loi dans leur intérêt. Cependant il n'y a de rescindable pour lésion que le partage judiciaire proprement dit, c'est-à-dire celui dans lequel l'œuvre de la justice a surtout consisté dans l'homologation, acte de juridiction volontaire, ne pouvant acquérir l'autorité de la chose jugée; mais si, à l'occasion du partage, il s'est élevé quelques contestations relatives à une question du rapport par exemple, et, s'il est intervenu un jugement véritable, c'est là un acte de juridiction contentieuse que la lésion, quelque prouvée qu'elle soit, ne peut faire annuler. La décision reste irrévocablement acquise entre les héritiers, et doit servir de base même dans un partage ultérieur.

Comme la rescision pour lésion de plus du quart est propre au partage, elle n'a lieu que dans les actes qui ont réellement ce caractère ; c'est pourquoi une donation, quoiqu'elle eût pour effet de faire cesser l'indivision, ne saurait être soumise à la rescision pour lésion. On ne peut en effet voir un partage et assujettir aux mêmes règles un acte à titre gratuit qui, dans une succession indivise, attribue tout à l'un et rien à l'autre. C'est également le motif pour lequel la vente de droits successifs, quoique faisant cesser l'indivision, n'est pas susceptible de rescision pour lésion de plus du quart (art. 889, C. N.), pourvu qu'elle soit faite sans fraude et aux risques et périls du cessionnaire ; car on ne peut assimiler au partage et assujettir à une cause de rescision qui, telle que celle fondée sur la lésion, tient au caractère essentiellement commutatif de cet acte, la vente de droits successifs, dont le caractère prédominant est au contraire l'*alea*. Mais ce caractère n'existe qu'à cette double condition que la vente de droits successifs soit faite : 1° sans fraude; 2° aux risques et périls du cessionnaire. Ici il ne faut point entendre le mot *fraude* comme désignant seulement les manœuvres pratiquées par l'une des parties pour induire l'autre en erreur (art. 1116); ce serait là un dol qui vicierait, aux termes du droit commun, la vente de droits successifs, mais non point sous le rapport qui nous occupe; il s'agit plus spécialement, dans l'art. 889, d'un genre de fraude consistant en des manœuvres qui, émanées de l'une des parties ou de toutes deux, auraient pour résultat de donner à un acte purement commutatif une apparence aléatoire, et de présenter un partage réel comme une vente de droits successifs, soit en le qualifiant tel, soit en y insérant la clause qu'il est fait aux risques et périls du cessionnaire, soit de toute autre manière. La vente de droits successifs est faite aux risques et périls du cessionnaire quand, ignorant la valeur relative du passif et de l'actif héréditaire, il s'est chargé d'acquitter les dettes afférentes à la quotité de la succession qui lui a été cédée au lieu et place du cédant et sans avoir aucun recours contre celui-ci. Il n'est pas besoin, du reste, de l'insertion d'une clause spéciale dans l'acte pour qu'il en soit ainsi, car cette obligation résulte de la nature même de l'acte (art. 1696, C. N.). Cependant M. Troplong, en se fondant sur le texte de l'article 889, C. N., pense qu'il y a nécessité d'insérer dans la vente de droits successifs la condition qu'elle est faite *aux risques et périls du cessionnaire*; mais les termes de l'art. 889, C. N., ne sont pas assez formels pour qu'on en puisse induire une telle obligation contraire à l'esprit de notre droit, en général peu formaliste. Il importe peu, sous le rapport qui nous occupe, que la vente de droits successifs soit faite par un héritier à tous ses cohéritiers ou à l'un d'eux seulement (art. 889, C. N.), ou qu'elle ait embrassé la totalité ou une fraction des droits successifs du cédant; et il lui faut assimiler, conformément à l'art. 780, C. N., la renonciation à la succession faite au greffe ou devant notaire par un héritier, au profit de ses cohéritiers ou de quelques-uns d'eux seulement.

Quand un acte passé entre cohéritiers présente réellement le caractère d'un partage, la loi, sans tenir compte de la forme dans laquelle il a été fait et de la qualification qu'il a reçue des parties, le soumet à toutes les règles qui concernent cette dernière espèce d'actes; nous avons précédemment appliqué cette règle quand il s'est agi de déterminer les effets du partage (art. 883); ici la loi elle-même la consacre par une disposition formelle: l'action en rescision, dit l'art. 888, C. N., est admise contre tout acte qui a pour objet de faire cesser l'indivision entre cohéritiers, encore qu'il fût qualifié de vente, échange, transaction, ou de toute autre manière. Il résulte des termes mêmes de cet article que pour déterminer si l'acte qui fait cesser l'indivision entre cohéritiers est rescindable pour lésion, la loi le considère *ab initio* et non *ab eventu*; s'attache à son objet plutôt qu'au résultat qu'il produit. Des auteurs s'appuyant en outre sur ces mots: *encore qu'il fût qualifié de vente*, etc., ont conclu de là que l'acte qualifié *vente*, etc.. quoique faisant cesser l'indivision entre cohéritiers, n'est rescindable pour lésion que lorsque la qualification est fausse et a été employée par les parties pour dissimuler son objet réel, la cessation de l'indivision, et son véritable caractère, celui d'un partage; et ainsi le soustraire à l'action en rescision pour lésion de plus du quart. Mais s'il est constant que l'acte, quoique mettant fin à l'indivision, n'a produit ce résultat que d'une manière accessoire et que son objet réel a bien été celui qu'indique son titre *vente*, *échange* etc. , ces auteurs prétendent qu'il n'est pas assujetti à la rescision pour lésion de plus du quart propre au partage. Dans ce système la disposition de l'art. 888, C. N., est fondée sur la supposition d'une fraude à la loi, et est un moyen de la réprimer. Comme la fraude ne se présume jamais, il devrait s'ensuivre que c'est à l'héritier qui prétend que la qualification donnée à l'acte passé entre lui et ses cohéritiers déguise un véritable partage, à le prouver pour en obtenir la rescision pour lésion de plus du quart.

Zachariæ (§ 626, note 12) enseigne un autre système que nous préférons. Le premier système, dit cet auteur, fondé sur un double argument *a contrario*, tiré de l'article 888, Code Nap., restreint trop la portée de cet article ; il limite son effet à déclarer que l'action en rescision est inadmissible contre les partages simulés sous la forme d'un autre contrat. Ainsi entendu, cet article eût été inutile, parce que la chose allait d'elle-même, d'après la règle *plus valet quod agitur quam quod simulatur*. Il faut donc supposer que le législateur a voulu aller plus loin et rendre la recevabilité de l'action en rescision indépendante non-seulement de la forme, mais même du caractère intrinsèque de l'acte. Il suit de là que tout acte qui fait cesser l'indivision entre cohéritiers, fût-il même en réalité une vente, un échange, comme l'indique son titre, est assimilé au partage proprement dit et, comme lui, est toujours et nécessairement susceptible d'être rescindé pour lésion de plus du quart.

L'article 888, C. N., cite comme sujets à rescision pour lésion de plus du quart, quand ils font cesser l'indivision entre cohéritiers, la vente, échange, la transaction ; mais cette énumération n'est pas limitative, et comme l'indiquent ces mots : *de toute autre manière*, il faut dire la même chose de tous les actes qui auraient

le même résultat, pourvu qu'ils soient à titre onéreux et commutatif.

En ce qui concerne la transaction, la loi distingue celle antérieure et celle postérieure au partage; cette dernière, lorsqu'elle
a été faite sur des difficultés réelles que présentait le premier acte,
même quand il n'y aurait pas eu de procès commencé à ce sujet,
n'est pas rescindable pour lésion de plus du quart; quant à la
première, elle est devenue le terrain de la lutte entre les deux systèmes d'interprétation de l'article 888, C. N. ; trois espèces ont
été proposées :

1° Transaction intervenue sur des contestations relatives au
refus de l'un des héritiers de consentir au partage, à la manière
d'y procéder ou de le terminer.

2° Transaction intervenue pour terminer une contestation qui
s'était élevée sur les droits héréditaires des parties ou de quelques-
unes d'elles, sur des questions de prélèvement de rapport, etc.

3° Transaction intervenue sur les mêmes matières que dans
le cas précédent, et terminée, non plus par une décision de ces
questions mêmes, mais par une répartition directe entre les héritiers des biens de la succession.

Dans la première hypothèse, le premier système ne considère
la transaction comme intervenue sur des difficultés imaginaires et
étant un préliminaire du partage, et comme telle il l'assujettit à
la rescision pour lésion. Il prétend, au contraire, que la rescision
n'a pas lieu dans les deux dernières hypothèses où la transaction
faite sur difficultés sérieuses est réelle et ne peut être viciée par la
lésion (art. 2052, C. N.). Il est, au contraire, des personnes qui,
dans les trois hypothèses précitées, quel qu'ait été l'objet de la
transaction, soutiennent qu'elle est rescindable pour lésion, et ils
se fondent sur l'ancienne jurisprudence où il en était ainsi, sur le
changement apporté à la première rédaction de l'art. 888, C. N.,
d'après la demande formelle de la cour d'appel de Paris pour le
rendre conforme à l'ancienne jurisprudence, enfin sur l'art. 888,

C. N., lui-même, qui, n'exceptant de la rescision pour lésion que la transaction intervenue après partage, y soumet par cela même indistinctement toutes celles antérieures (sic Foucher, article de la *Revue de droit français*, année 1836, page 609). Zachariæ, dont nous avons adopté l'opinion, ne va pas aussi loin que M. Foucher; dans la deuxième hypothèse, il est d'avis que la transaction n'est pas rescindable pour lésion; et en effet elle a pour objet des contestations étrangères aux opérations du partage et ne doit donc pas être assujettie à une règle propre à des actes qui se rattachent à la cessation de l'indivision.

Pour soumettre l'acte qui fait cesser l'indivision entre cohéritiers à la rescision pour lésion de plus du quart, la loi ne considère pas sa forme, nous venons de le voir; elle ne tient pas compte non plus de l'étendue plus ou moins grande de ses effets et ne distingue pas entre celui qui fait cesser l'indivision d'une manière absolue, et celui qui ne produit le même résultat que d'une manière relative. Sous un premier rapport, on doit donc regarder comme rescindable pour lésion de plus du quart tout acte qui fait cesser l'indivision entre cohéritiers, ne fût-ce qu'à l'égard de quelques-uns seulement. En effet, l'art. 888, C. N., ne dit pas entre *les cohéritiers*, mais seulement entre cohéritiers, ce qui montre qu'il n'est pas nécessaire que ce soit *entre tous*. L'art. 889, C. N., confirme cette indécision; il dispose que la vente *de droits successifs* faite à l'un des cohéritiers par les autres cohéritiers ou par l'un d'eux n'est pas rescindable pour lésion de plus du quart, d'où il résulte par argument *a contrario*, que toute autre vente et généralement tout acte passé entre les mêmes personnes doit l'être. Sur ce point, la doctrine est unanime. La jurisprudence, après avoir été d'un avis opposé, a adopté le même système (arrêt de cassation, 20 mars 1844 ; Sirey, 1844, 1, 309.) Sous un deuxième rapport on doit tenir pour rescindable pour lésion de plus du quart, l'acte qui fait cesser l'indivision entre cohéritiers, soit de la succession, soit seulement de quelques objets héréditaires. Cette proposition est incontestable; car dans l'un et l'autre cas l'acte est un partage, et la loi soumet tous les partages, ceux de choses individuellement déterminés comme ceux de succession (art. 1872 et 1476, C. N.), à l'action en rescision pour lésion. L'art. 888, C. N., ne distingue pas entre la cessation complète et celle partielle de l'indivision : *Tout acte,* dit-il, qui fait *cesser l'indivision.* Lorsque les héritiers, par une série d'actes successifs même différant entre eux de forme (vente, échange, partage en nature), ont fait cesser l'indivision d'une succession d'une manière complète, c'est-à-dire quant à tous les biens qui la composaient, chaque acte est-il pris isolément, susceptible d'être rescindé pour lésion de plus du quart, ou bien n'y a-t-il lieu à l'action en rescision qu'autant que de la combinaison des divers actes résulte pour un même héritier une lésion de plus du quart? Tant qu'il n'y a eu qu'un seul partage partiel fait, nul doute qu'il ne puisse être rescindé pour lésion de plus du quart; on ne peut en effet obliger l'héritier lésé à attendre un partage ultérieur pour obtenir la réparation d'un préjudice qu'il a déjà éprouvé. Mais lorsque plusieurs partages partiels sont déjà effectués et surtout lorsque, comme dans l'hypothèse posée, ils ont produit la cessation complète de l'indivision, ils doivent être pour le calcul de la lésion examinés ensemble; car les pertes de l'un se compensent avec les bénéfices de l'autre, en sorte qu'il n'y a de lésion véritable que celle qui résulte de tous réunis (sic Zachariæ, § 620, note 50; arrêt de la cour de cassation du 27 avril 1841; Sirey, 1841, 1, 388).

La lésion de plus du quart n'entraîne pas nécessairement la rescision du partage dans lequel elle existe; la loi, considérant qu'elle peut être le résultat d'une erreur commune à tous les cohéritiers et qu'il y a de grands inconvénients à anéantir complétement un partage en vertu duquel beaucoup de transactions ont pu être faites déjà, autorise les cohéritiers du lésé à arrêter le cours de la demande en rescision et empêcher un nouveau partage en lui offrant le supplément de sa portion héréditaire, soit en numéraire, soit en nature, c'est-à-dire en objets héréditaires dont la valeur est déterminée par expertise (art. 891, C. N.). Cette offre peut être faite, même après le jugement qui prononce la rescision du premier partage, tant qu'il n'a pas été procédé à un second ; c'est ce qui résulte de ces termes de l'art. 891, C. N. : *empêche un nouveau partage* (sic, Zachariæ, n° 626, note 29).

Si néanmoins la rescision du partage est prononcée et devient irrévocable par suite de l'accomplissement d'un nouveau partage, elle produit entre les cohéritiers et à l'égard des tiers les mêmes effets que lorsqu'elle est prononcée pour dol ou violence.

L'action en rescision pour lésion de plus du quart est spéciale au partage et lui est tellement essentielle, que les cohéritiers ne peuvent, à l'avance, y renoncer par une clause même particulière et expresse insérée à cet effet dans l'acte de partage. Cette proposition n'est consacrée par aucun texte formel, mais elle ressort manifestement : 1° de l'article 888, C. N., aux termes duquel l'action en rescision pour lésion n'a pas moins lieu, quoiqu'en employant à faire cesser l'indivision entre eux une espèce d'acte qui naturellement n'est pas soumise à cette action, les cohéritiers aient manifesté d'une manière formelle l'intention d'y renoncer ; 2° et de l'art. 1674, C. N., dont la disposition doit être étendue par voie d'analogie de la vente au partage ; en effet, dans l'une et l'autre, le motif sur lequel est fondée l'action en rescision pour lésion est le même, c'est que le consentement du lésé n'a pas été libre, mais dicté par une nécessité impérieuse, telle qu'un besoin pressant d'argent ; en matière de vente ce motif est réputé avoir vicié même la renonciation du lésé à l'action en rescision ; il doit avoir *a fortiori* le même résultat en matière de partage où la rescision pour lésion est encore plus facile ; 3° enfin il faut ajouter cette considération, que s'il était permis aux copartageants de renoncer à l'action en rescision pour lésion, cette clause serait bientôt insérée dans tous les partages et laisserait ainsi sans effet cette règle de l'égalité entre les lots à laquelle la loi attache tant d'importance.

Même postérieurement au partage, l'héritier lésé ne pourrait, en ratifiant cet acte, éteindre l'action en rescision ; la preuve de cette proposition résulte de ce que la loi déclare rescindable pour lésion la transaction intervenue même postérieurement au partage si elle n'a pas été faite sur difficultés réelles ; car qu'est-ce qu'une telle transaction si ce n'est une ratification détournée, déguisée, du premier partage, une renonciation au droit d'en demander la rescision? En outre il faut remarquer que le système opposé rendrait facile le moyen d'échapper à la rescision pour lésion et illusoires par conséquent les art. **887** et **888, C. N.**, car il suffirait, pour obtenir ce résultat de faire d'abord un partage pur et simple, et de le faire suivre immédiatement d'un acte de ratification que la partie lésée consentirait toujours sous l'empire des mêmes idées qui lui font consentir le partage (*sic* M. Mourlon, p. 214, tome 2; M. Duranton, tome 9, n. 589). Cette opinion n'est pas adoptée par Zachariæ § 626, note 31, qui, d'après le droit commun, pense que l'action en rescision pour lésion n'est plus recevable lorsque le partage a été confirmé expressément ou tacitement, conformément aux dispositions de l'art. 1338, C. N.

A la question que nous venons d'examiner se rattache celle de savoir si l'art. 892, C. N., s'applique à l'action en rescision pour lésion, en d'autres termes, si l'héritier lésé qui a aliéné son lot comme celui victime du dol ou de la violence, n'est plus recevable à se plaindre.

La plupart des auteurs enseignent l'affirmative, mais dans des limites et pour des motifs différents.

Les uns (Delvincourt, t. II, p. 158, note 2) regardent comme un principe certain que tout cohéritier qui a aliéné son lot s'étant mis ainsi dans l'impossibilité de rapporter en nature les objets qui le composaient, ce qui fait obstacle à la recomposition de la masse à partager, ne peut plus, pour quelque motif que ce soit, obtenir la rescision du premier partage, et demander qu'il en soit fait un second ; et i's concluent de là : 1° que c'est à titre d'exception seulement, motivée par la faute des cohéritiers de celui qui a été victime du dol ou de la violence, que l'aliénation antérieure à la découverte du dol ou à la cessation de la violence n'est pas, à cet égard, une fin de non-recevoir à l'action en rescision; 2° et qu'en cas de lésion où le fait qui vicie le partage est commun au lésé et à ses cohéritiers, l'exception n'a plus de raison d'être, et le principe reprend son empire d'une manière absolue; c'est pourquoi l'action en rescision n'est plus recevable de la part de l'héritier lésé qui a aliéné son lot dans l'hypothèse même où il ignorait la lésion au moment de l'aliénation.

La base de ce système, c'est l'impossibilité d'un second partage, parce que l'héritier qui le demande ne peut faire en nature le rapport de ce qu'il a reçu dans le premier; mais cette impossibilité n'existe pas, car là où le rapport en nature n'est pas possible, la loi permet de le remplacer par un partage en moins prenant (art. 830 et 860, C. N.).

D'autres auteurs (Chabot, art. 892) admettent la solution donnée par le système précédent, mais ils la motivent autrement; d'après eux la disposition de l'art. 892, C. N., constitue cette présomption qui n'admet pas la preuve contraire, à savoir que l'héritier qui a aliéné son lot a renoncé à l'action en rescision; et elle doit s'appliquer à l'héritier lésé, parce qu'ayant eu les moyens de vérifier s'il y a eu lésion à son préjudice dans le partage, il doit être réputé l'avoir fait lorsqu'au lieu de réclamer il aliène et exécute ainsi le partage. Ce système introduit dans la loi une présomption absolue que rien ne justifie.

Il est d'autres auteurs (Deloste-Julimont sur Chabot, *Observations* sur l'art. 892, C. N.; Vazeille, art. 892, n° 82) qui considèrent la disposition contenue en l'art. 892, C. N., comme une application des principes généraux en matière de ratification, et en concluent qu'elle doit s'appliquer littéralement à la lésion; ou, en d'autres termes, que l'action en rescision serait recevable malgré l'aliénation faite par l'héritier lésé, s'il n'était pas justifié que cette aliénation a eu lieu en connaissance de la lésion.

Enfin, Zacharie (§ 626, note 32) enseigne que l'aliénation,

suivant les circonstances dont l'appréciation est laissée au pouvoir discrétionnaire des tribunaux, peut être considérée comme constituant une renonciation à l'action en rescision pour lésion ; il fonde cette doctrine sur les principes généraux en matière de renonciation.

Nous avons précédemment réfuté les deux premiers systèmes ; quant aux derniers, qui ont, l'un et l'autre, pour point de départ la faculté, pour l'héritier lésé, d'éteindre, par une renonciation formelle ou tacite, l'action en rescision, nous les rejetons également en nous fondant : 1° sur la proposition que nous avons précédemment établie, que l'héritier lésé ne peut ni avant ni après le partage renoncer au droit de demander la rescision ; 2° sur le texte de l'art. 892, C. N., qui ne parle que de la violence et du dol et se tait sur la lésion : *qui dicit de uno negat de altero*. Ainsi, nous admettons, contrairement aux systèmes précédents, que l'art. 892 ne s'applique pas à l'action en rescision pour lésion (*sic*, Mourlon, p. 218, t. II ; Duranton).

L'action en rescision pour lésion est susceptible de s'éteindre par la prescription. Le délai nécessaire pour la prescription est de dix ans, conformément à l'art. 1304, C. N. Il court, non du jour où la lésion a été connue de celui qui l'a éprouvée, mais du jour où le partage a eu lieu ; car, à partir de ce moment, l'héritier a pu vérifier le partage et voir s'il n'a pas été victime d'une lésion, et ne peut invoquer par conséquent la maxime *contra non valentem agere non currit præscriptio*, c'est-à-dire, le motif qui retarde le point de départ de la prescription, quand il y a eu dol ou violence (art. 1304).

§ 4. — *Omission dans le partage d'un objet de la succession.*

Dans la section intitulée *De la rescision en matière de partage*, la loi indique un fait qui pourtant n'a jamais ce résultat : c'est l'omission dans le partage d'un objet de la succession (art. 887, C. N) ; dans cette hypothèse, il y a lieu tout simplement à un supplément de partage, et, en effet, cette opération est par elle-même suffisante pour réparer cette omission.

CHAPITRE V.

DE LA COMPÉTENCE EN MATIÈRE DE PARTAGE.

Pour déterminer la compétence en matière de partage de succession, la loi ne considère pas, comme dans les autres matières, la nature de l'action ; elle a abandonné cette base parce que, si elle s'y fût tenue, les cohéritiers auraient été exposés à être traduits devant une foule de tribunaux différents, soit à raison du domicile de chacun d'eux, soit à raison de la situation des biens. Pour ces motifs, elle a attribué la connaissance de l'action en partage à un tribunal unique, à celui du lieu de l'ouverture de la succession, qui est en même temps celui du domicile du *de cujus*, c'est-à-dire du lieu où se trouvent déposés ses titres et où ses affaires sont le mieux connues. Telle est la règle contenue quant au préliminaire de conciliation, et quant à l'instance en partage elle-même, dans les art. 50, § 3, Code de procédure civile, 822 Code Napoléon, et 59 Code de procédure civile.

La rédaction de ces deux derniers articles n'est pas complétement la même : le premier dispose que le tribunal du lieu de l'ouverture de la succession est compétent pour les contestations qui s'élèvent pendant le cours des opérations du partage, et enfin pour les demandes relatives à la garantie des lots et à l'action en rescision du partage ; la deuxième dispose que le même tribunal est compétent pour les demandes entre cohéritiers jusqu'au partage inclusivement.

Faut-il conclure de ces termes : *jusqu'au partage inclusivement*, que cette disposition modifie celle du Code civil en ce qui concerne les actions en garantie et en rescision, qui ne sont exercées qu'après le partage ? M. Duranton (tome 7, n° 136) a vu une contradiction entre les deux dispositions, et a essayé de les concilier en disant que l'art. 822, Code Nap., alinéa 2°, est spécialement applicable au partage fait en justice, comme le prouve son premier alinéa, et qu'au contraire l'art. 59, Code de procédure, se réfère au partage amiable et qu'en ce cas la connaissance des demandes en garantie et en rescision qui sont toujours *postérieures au partage*, appartient, d'après le droit commun, aux tribunaux du domicile du défendeur. Mais cette opinion n'a été adoptée ni par la doctrine ni par la jurisprudence. Son point de départ, c'est une contradiction entre les deux art. 822, Code Nap., et 59, Code de procédure. Or, cette contradiction n'est qu'apparente ; on ne peut, en effet, à bien dire, qualifier de *postérieures* au partage les demandes en garantie et en rescision, car tant qu'elles peuvent être faites il n'y a à proprement dire qu'un partage provisoire, imparfait ; leur exercice seul le rend définitif et fait qu'il y a eu vraiment partage. Ainsi, même d'après l'art. 59, Code de procédure, il faut dire que le tribunal de l'ouverture de la succession doit connaître des demandes en garantie et en rescision, car elles sont antérieures au partage.

D'après le droit commun cette compétence exceptionnelle cesse, soit pour le partage lui-même, soit seulement pour son exécution, si les parties intéressées ont fait pour les deux questions ou pour la seconde seulement une élection de domicile spéciale. M. Demolombe, tome 1er, n° 379, a prétendu que l'élection de domicile, faite d'une manière générale pour l'exécution du partage, n'attribuerait pas au tribunal du domicile élu la connaissance de l'action en rescision, et qu'à moins d'une élection spéciale, elle resterait au tribunal de l'ouverture de la succession ; il fonde cette opinion : 1° sur ce que la demande en rescision ayant un objet directement opposé à l'exécution de l'acte, on ne peut étendre par voie d'induction à la première la dérogation au droit commun convenue quant à la seconde ; 2° enfin, sur ce que l'élection de domicile étant une clause du partage, celui qui demande la rescision de cet acte ne peut s'en prévaloir. Mais comme M. Chauveau, sur Carré (n° 275), le fait remarquer, cette opinion ne peut être acceptée, car l'élection de domicile pour l'inexécution d'un acte attribue compétence au tribunal du domicile élu, non-seulement pour l'exécution proprement dite, mais encore pour toutes demandes et poursuites relatives à cet acte (art. 111, Code Nap.).

Du reste, la compétence du tribunal du lieu de l'ouverture des successions en matière de partage n'a été établie que dans l'intérêt des cohéritiers; d'où il faut induire cette conséquence, que l'incompétence des autres tribunaux n'est pas absolue et doit être proposée *in limine litis*.

POSITIONS.

DROIT ROMAIN.

I. Faut-il supprimer la négation dans la loi 37, au Digeste, *fam. erciscundæ?* — Oui.

II. L'héritier, qui a fait des dépenses dans l'intérêt commun, peut-il, pour en obtenir le remboursement de la part de ses cohéritiers, cumuler l'action *familiæ erciscundæ* et celle *negotiorum gestorum?* —Non; il a tantôt l'une, tantôt l'autre.

III. La loi 25, § 6, au Digeste, *familiæ erciscundæ*, peut-elle se concilier avec la loi 54 du même titre? — Oui.

IV. Los servitudes peuvent-elles, en droit romain, s'établir par le seul effet des conventions ? — Non.

V. Le partage des choses indivises, à titre de société, peut-il être obtenu par l'action *pro socio ?* — Non, ce n'est que par l'action *communi dividundo.*

VI. Le dol principal, c'est-à-dire qui a été la cause déterminante du contrat, rend-il nuls de plein droit les contrats de bonne foi ? — Oui.

DROIT FRANÇAIS.

I. Le défunt a-t-il pu valablement, quant à la quotité disponible de ses biens, imposer à ses héritiers l'obligation de rester cinq ans dans l'indivision ? — Non.

II. Le principe posé dans l'art. 883, Code Nap., s'applique-t-il à l'acte qui fait cesser l'indivision à l'égard de quelques héritiers seulement ? — Oui.

III. L'article 892, Code Nap., s'applique-t-il à l'action en rescision pour lésion de plus de quart ? — Non.

IV. L'héritier qui renonce à la succession pour s'en tenir à un don ou à un legs à lui fait peut-il à la fois cumuler la réserve et la quotité disponible ? — Non.

V. Le mari peut-il faire, seul, le partage définitif des biens dotaux ? — Non.

VI. Le créancier est-il tenu de prouver l'existence de la cause, quand le titre de sa créance n'en indique pas ? — Oui.

VII. Le mariage peut-il être célébré et dans la commune où l'un des époux a son domicile et dans la commune où il a une résidence de plus de six mois ? — Oui.

VIII. Le privilége des copartageants s'étend-il à la créance du cohéritier contre son cohéritier pour la restitution des fruits perçus par celui-ci? — Non.

XI. L'époux qui n'a pas épuisé par une première donation faite au profit de son conjoint la quotité disponible de l'article 1094, Code Nap., peut-il, par une seconde donation, disposer en faveur d'un tiers de la différence en plus qui existe entre cette quotité et celle de l'article 913 Code Nap.? — Oui.

X. L'immeuble donné aux deux époux conjointement tombe-t-il dans la communauté? — Non.

DROIT CRIMINEL.

I. Le principe de l'uniformité des peines entre l'auteur principal et le complice, d'après l'article 59 Code pénal, est-il applicable lorsque l'aggravation de la peine provient d'une cause spéciale et toute personnelle à l'auteur principal; ainsi le complice d'un vol commis par un domestique doit-il être puni de la même peine que ce dernier? — Non.

II. La partie civile peut-elle être entendue comme témoin? — Non.

DROIT PUBLIC.

Quels tribunaux sont compétents pour connaître des contestations relatives au partage des biens communaux? — Les tribunaux administratifs.

DROIT INTERNATIONAL.

I. Les tribunaux français doivent-ils, en matière civile et purement personnelle, connaître des contestations entre deux étrangers? — Non.

II. La loi pénale, applicable lorsque la poursuite a lieu dans un pays autre que celui où le crime a été commis, est-elle celle du lieu de la poursuite ou du lieu du crime? — Celle du lieu de la poursuite.

HISTOIRE DU DROIT.

Quelle est l'origine du régime de communauté de biens entre époux? — Il vient du droit germanique.

TABLE DES MATIÈRES.

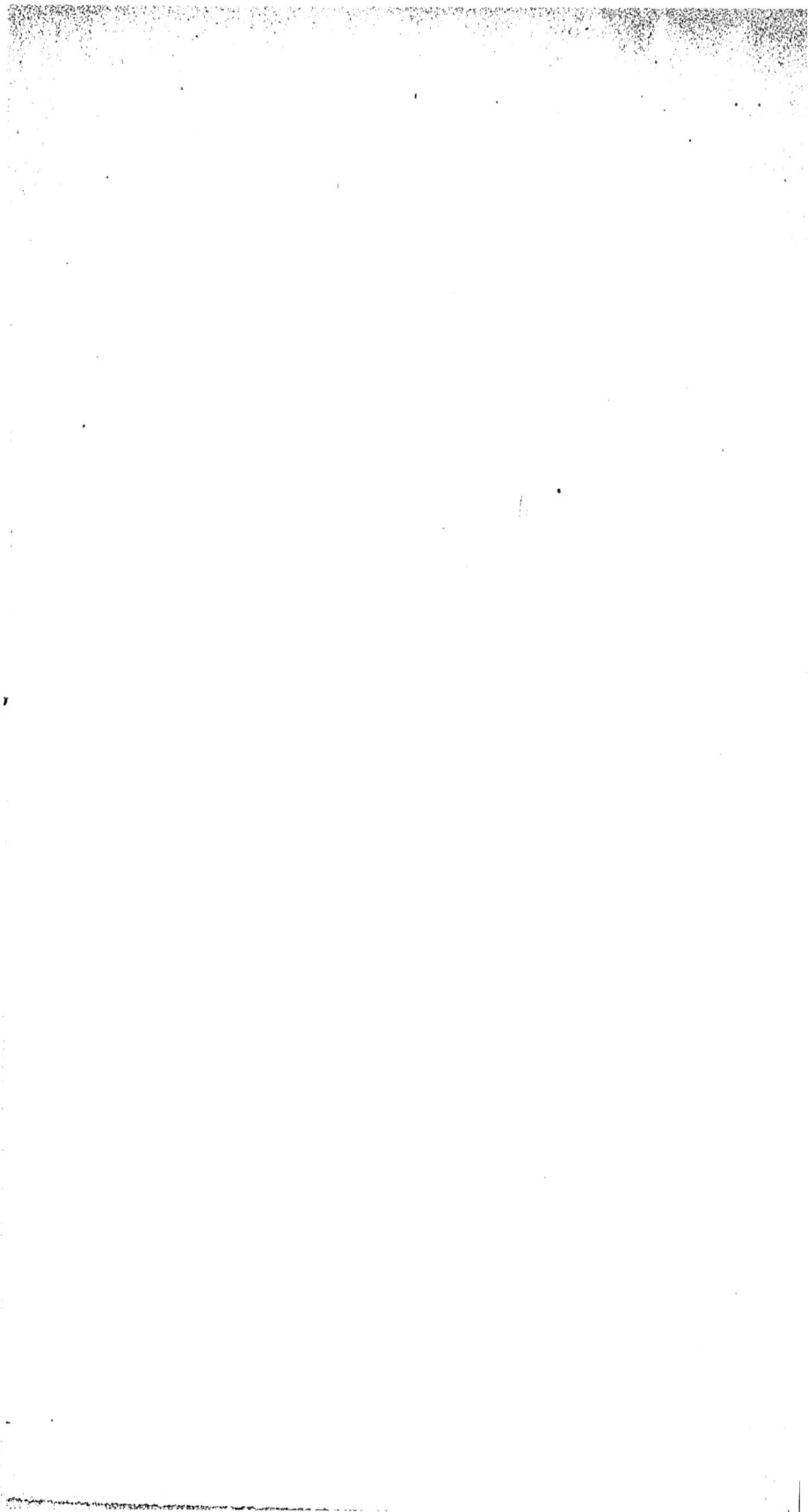

www.ingramcontent.com/pod-product-compliance
Lightning Source LLC
Chambersburg PA
CBHW071239200326
41521CB00009B/1547